杨卫平 - 著

张榕麟 张梓妍 - 图

WOSHI LAOSHI
YESHI YONGYUAN DE HAIZI

我是老师
也是永远的孩子 ①

北京师范大学出版集团
BEIJING NORMAL UNIVERSITY PUBLISHING GROUP
北京师范大学出版社

图书在版编目（CIP）数据

我是老师，也是永远的孩子 .1 / 杨卫平著；张榕麟，张梓妍
图 . —北京：北京师范大学出版社，2019.10
  ISBN 978-7-303-25172-8

  Ⅰ . ①我⋯ Ⅱ . ①杨⋯ ②张⋯ ③张⋯ Ⅲ . ①师生关系 −
通俗读物 Ⅳ . ① G456−49

  中国版本图书馆 CIP 数据核字（2019）第 208841 号

营 销 中 心 电 话　010-57654738　57654736
北师大出版社职业教育分社网　http://zjfs.bnup.com
电 子 信 箱　　zhijiao@bnupg.com

出版发行：北京师范大学出版社 www.bnup.com
　　　　　北京市西城区新街口外大街 12-3 号
　　　　　邮政编码：100088
印　　刷：北京玺诚印务有限公司
经　　销：全国新华书店
开　　本：170 mm×240 mm　1/16
印　　张：16
字　　数：212 千字
版　　次：2019 年 10 月第 1 版
印　　次：2019 年 10 月第 1 次印刷
定　　价：58.00 元

策划编辑：伊师孟　　　　　责任编辑：罗佩珍　伊师孟
装帧设计：焦　丽　　　　　美术编辑：焦　丽
责任校对：李云虎　　　　　责任印制：陈　涛

谨以此书献给所有的孩子

以及所有热爱孩子的大人

1986 年 7 月，18 岁的我走上讲台，成为一名老师。此后，我就一直生活在教室里。我的全世界，是一间又一间的教室和一届又一届的学生。三十多年以来，我和学生一起求索着无尽的知识，尝试着无限的创作，认识了很多人，眺望着无尽的远方。我对我的教室和我的学生，充满着无边的好奇和无比的感激。

不觉日月在走岁月长，不觉我已双鬓微霜。我一直以为，我还是那个 18 岁的自己。

仿佛只是一个瞬间，一次转身，一次眨眼，一次挥手，就到了 2018 年。我整整 50 岁了。

2018 年 8 月 23 日，我迎来了自己的第 16 届学生。没错儿！是第 16 届，因为我中途接班的次数也不少呢。这一届，我任教七年级一班、二班两个班的语文课，学生都出生在 2005 年或 2006 年。我比他们年长三十七八岁。有人说，人和人之间，三年一个代沟。如此算来，我与我的学生之间，差不多有十三条代沟。哦，这已经不是"沟"了，是江河，是天堑，是海峡。再看看我的工作伙伴，多是"80 后""90 后"，"70 后"都已经不多了。两个班的任课老师中，只有我和教历史的程老师是"60 后"，程老师也比我年龄小。最年长的我，被伙伴们尊为"镇班之宝"。

年龄是个奇怪的东西，年龄大有时候意味着资历和威望，有时候则意味着

我是老师
也是永远的孩子1
WOSHI
LAOSHI
YESHI
YONGYUAN
DE HAIZI 1

隔阂和距离。对于我来说，年龄大，是劣势，不是优势。我的伙伴，都是"四有好青年"，他们拥有着好容貌、好身材、高学历、多才艺。现实真的很残酷，这四样，我半样都没有。

可是，我不可救药地爱着我的职业呀！怎么办？——夹缝中求生存！

我在情绪和着装上下功夫。

经过粗浅地自我评估，深入地自我鼓励，我给自己定位：情绪稳定化，着装活泼化。

每一天，每一堂课，我都笑逐颜开，平易近人，不烦不躁。这深得孩子们喜欢。

更得孩子们喜欢的是，我差不多每天都换衣服。

作为一个年已半百的老师，我的着装还是有点特点的：夸张的灯笼裤，我穿着像鼓起来的帆；可爱的泡泡袖，立马把我变少年；飘逸的长裙，让我风度翩翩。

女为悦己者容，就这样陪着时光往前走，也是蛮有意思的事情。

孩子们发现了我着装的特点，很认真地跟我说：

"老师，我数过了，这是你的第 14 条裙子。"

"老师，你的每一件民族风衣服都好看！"

"老师，你的衣服都很好玩儿！"

"大口袋，超短款，很时尚；大摆裙，白毛衣，又很知性！"

好吧，这群小机灵鬼啊，都是评论家。

2018 年 10 月 25 日，是个普通的星期四。我没有觉得这一天与往日有什么不同。一早，我照例穿着新衣服来上课。

下课，坐在第一排的女生榕麟递给我一张小小的卡片，那是她为我画的像。我看着画像，为它写了一段文字。这一天，就成为了我生命中特别的、难忘的一天。

蓦然记起,我像榕麟这么大的时候,也是 12 岁,也刚刚读初中,我的数学老师彭老师为我画过一幅素描。彭老师是一位酷爱画画的青年民办教师,有一种很清秀的帅气。可是,民办教师工资低,他没有钱学画,就每天给我们这些学生画素描,权当练习。我们很害羞,怕被老师盯着看,不愿意让他画。他总是趁我们不注意的时候画我们。画成以后,他不告诉我们,画像自然也不给我们,而是自己保存。我们只能在他画别人的时候,悄悄躲在他身后看他画。他画别人画得可像呢!至于他把我画成什么样,我至今都不知道。我很好奇,我很想知道。此后多年,我与故乡渐行渐远,与彭老师也失联多年,或许我永远都不可能知道他把我画成什么样;也或许,他早已丢弃了当年的画作。

2009 年深秋,2012 届学生木木给所有任课的 12 位老师每人画了一张 Q 版的画像。她把我画成什么样子呢?大大的眼睛,卷曲的长发。大家说,那是女版的迈克尔·杰克逊。就在那一年夏天,这个闻名世界的美国歌手突然去世,而人们正在热烈地纪念他。大人孩子都喜欢他的歌舞。木木把我画得像他,无疑是美化了我。木木和小伙伴儿一起,把教师们的画像贴上了墙,画像旁边还有"我们的好老师"六个大字,整面墙都被布置得温馨而浪漫。所以,那画像也不曾到我手上。

2018 年年初,我过 50 岁生日的时候,2018 届学生小阿郑用电脑软件给我画了像,通过网络传给我。我有了电子版的画像,但依然没有纸质画像。

这一年的秋天,2021 届学生榕麟又开始画我。和前三位画者不同,榕麟每天画我,而且画的每一幅画像,她都当礼物送给我了。

榕麟的绘画宗旨是:"杨老师,我要把你画得萌萌哒!"

那么,准确地说,她画的并不是我,是她对我的爱与理想。我明知道那不是我的本相,却依然喜不自胜,谨慎珍藏,视之为无价之宝。

2018 年 11 月 14 日,榕麟的同班同学梓妍也加入到给我画像的队伍中。和榕麟不同,梓妍把我画成了一只猫,萌萌的猫。好吧,只要孩子喜欢,我就是"猫人儿"。

WOSHI
LAOSHI
YESHI
YONGYUAN
DE HAIZI 1
我是老师
也是永远的孩子 1

　　她们白天画我，我则利用夜里、凌晨和其他的空余时间写文。整整三个月，我们完成了一本书。我以 58 篇日记体的形式，按照时间顺序，把这本书分为九辑。我的闺蜜提议，既然孩子也是这本书的作者，那么，每一辑都尽量能体现童心童趣好了。我和闺蜜一起拟题的时候，那可真是欢乐极了！

　　从教三十多年以来，我一直很享受职业幸福。但学生为我画像，我为她们写作，我们合作做一件很隆重、很有价值的事情，依然是我未曾体验过的教育生活。我查了教育史，好像古今中外也没有其他老师每天被学生画像。也就是说，我享受到了全世界独一无二的教育幸福。我竟不知，教育原来可以这样别有洞天：比巴掌还小的一幅幅画像，就能承载全部的成长。

　　我像个孩子一样的快乐啊！不，我就是永远的孩子。这是孩子用她们的画笔给我的权利。有图有真相的！纵然岁月匆匆，我也永远都是这么萌。

　　谢谢！

目
CONTENTS
录

我是老师
也是永远的孩子 1

WOSHI
LAOSHI
YESHI
YONGYUAN
DE HAIZI 1

目 录
CONTENTS

目
录
CONTENTS

··· 3

第一辑

巧手女孩，

画活了我的精气神

1.

她喜欢我，
我很早就知道

▶ 2018 年 10 月 25 日　星期四

言沫

To:杨老师

你们猜，这是谁？

我！

嗯，是我。我确定。

我的学生榕麟为我画的。

她说，这是 10 月 24 日的我。

我仔细看了看她的画，不得不承认，孩子是有火眼金睛的。

我昨天的确是紫红色的头发微微卷曲，穿的是带着迷你版小翅膀的卡其色外套、浅粉色 T 恤、褐色阔腿裤和黑色运动鞋；斜背着麦克风，话筒在嘴边稍微弯曲。眼镜和嘴角左边的痣，也都是这个样子。昨天，我也的确是笑眯眯的，很快乐。

不过，我的眼睛不会笑成她笔下那样美丽的月牙儿，我也没有这样青春年少。我只是一个相貌平平的 50 岁快乐女老师。

她画笔表达出来的，都是她想看到的对我有利的元素。对我不利的，比如少许的皱纹，她忽略了。

她说："杨老师，我要把你画得萌萌哒！"

榕麟是个安静的 12 岁女孩。2018 年 8 月 23 日，她进入初中，在我担任语文老师的七年级一班就读。她面容白皙清秀，说话声音纤细轻柔。下课的时候，别人都在玩闹，她不参与。她只是静静地运用画笔和调色板，为我画像。她画画还挺快，几个课间就能画出我来。她给自己起了一个笔名——言沫。她说取这个笔名，是因为好听。为我画下第一幅画像的那一天，是我们刚刚成为师生的两个月零两天。

她为我画像，起先我并不知道。孩子们悄悄告诉我，我好惊喜。

我走到她身边，看着她画我，感觉特别温暖。

她喜欢我，我很早就知道。

每天早晨，她一看见我，就欢喜地奔过来打招呼："嘿，杨老师！"

那声音，像一泓清泉，在我心上汩汩流淌。

每天我上完课，她会跟在我身后，跟我说："杨老师，我喜欢你！"

她的话，像甜而不腻的蜂蜜，浸入我心里，在我心底弥散开来，滋养我整个的心灵。

10月24日上午放学，因为顺路，我们一起走了一段路。

她依偎在我身边，不说话，只陪着我走，像只可爱的小猫咪，也像一朵静静绽放的玫瑰花。我也不说话，只是静静地走。我想，我是她身边的一棵树吧，给她绿荫，也享受她依傍着我的惬意与欢乐。

分别的时候，我告诉她，注意安全，别慌张。

她跟我挥手道别，腮边的小酒窝特别好看。

或许，那一刻，秋阳之下，我长在了她心里，今天，她就用巧手给我画了一幅可爱的画像。我不会画画，我对画者怀着一份羡慕与敬意。

我不再年轻，我的脸上有了皱纹，白发也在渐渐长出来，但我应该照着孩子笔下的样子，保持永远年轻的精神面貌。做老师，与孩子为伍，本该永葆童心，有着始终如一的少年感。我希望自己做得到。

小孩儿为师，榕麟用画笔给我上了一节审美课、成长课、职业课。

谢谢她！

我是老师
也是永远的孩子 1

WOSHI
LAOSHI
YESHI
YONGYUAN
DE HAIZI 1

2.

她说要为我画
1000 幅画像

▶ 2018 年 10 月 26 日　星期五

To：杨老师

杨老师10月25日的着装

杨淼

　　天蓝色绣花短上衣，深蓝色玫瑰提花阔腿裤，休闲运动鞋，紫红色的头发，不变的笑容。这是榕麟笔下 10 月 25 日的我。画像上写着"杨老师 10 月 25 日的着装"。是的，我是一个任性的老师，喜欢穿有点特色的衣服。认识我的人，都发现了我的衣服比较多。

　　我担心她上课只顾得上看我的着装而影响学习。

　　她说："才不呢！您只需要每天在上课前露一面，我看一眼就能记住。我想为您画 1000 幅画像。"

　　我的天呐，我们在一起三年，加上寒暑假也只有 1095 个日子啊！为了画我，她要每天带着画笔和颜料。莫说我能被她画 1000 次，就算 100 次，我就觉得无比幸福呀！

　　我愿意被她画。观察、构思、运笔、上色，她能不停地这样历练自己，那画功一定大有长进。

　　今天，读到她的作文，我才知道她画我的原因——

给我快乐的人

她，是个老师，是带给我快乐的人，是我最喜欢的人。

她很年轻，今年和我们"一样大"。活泼可爱的她，总是穿着各种各样的有趣的衣服。她有着紫红色的短发，还戴着一副眼镜，不管怎么样都毫无违和感。

她了解学生，也理解学生。她从不真的生气。我们做错了什么，她只是装作很生气的样子"哼"一声。她了解学生，了解学生上课会分神，所以上课时总是把气氛搞得非常活跃。她理解学生，担心学生会因为每天的作业太多而影响了健康，所以每天布置的作业都很少，我们用不了半个小时就可以写完，有时她甚至都不布置作业。

她爱她所有的学生，从不偏心。比如说，我们班里有个叫烁儿的同学，他是全班最皮的人，不管是上课还是下课，别的老师都气得想把他赶出去，但是，只有她对他总是那么温柔。

她总是以鼓励的方式让同学们爱上学习。如果你写错了字，她不会像其他老师一样说你："这个字你都能写错？你是怎么上学的？"她反而会说"你很可爱"，因为她知道学生写错字是常有的事，她知道世界上没有十全十美的人。

她很有名气，经常出差或者到别的学校开讲座。每当她不在的时候，我总会觉得自己身边少了点什么。

遇到她是我最大的幸运。每当我和别人提起她的时候，别人都很羡慕我。

这个带给我快乐的人，我相信，你只要认识她就可以猜到，她也是带给所有人快乐的人，她就是我的语文老师——杨老师。

WOSHI
LAOSHI
YESHI
YONGYUAN
DE HAIZI 1

我是老师
也是永远的孩子

开学第一堂课，我是这样开场的：

"孩子们，你们的火眼金睛一定看出来了，我这个语文老师比其他老师年龄大很多，我整整 50 岁了。可是，为了更好地了解你们，理解你们，陪伴你们，我已经悄悄地给自己减龄了，从今天起，我和你们一样大，我也是 12 岁哦！"

所以，榕麟记得我和他们"一样大"。开学两个月以来，榕麟看见的我有这样的特点：心态好，衣服多，人有趣；了解学生，理解学生，公平地厚爱每一个学生，善于鼓励学生。

榕麟的作文，没有华丽的辞藻，只有朴素的诉说，却深深打动了我。谢谢你，12 岁的榕麟。谢谢你所有的懂得！

可是，亲爱的，你知道吗？为了让你画我，我又得不停地"败家"买衣服了。我得先跟我亲爱的家人们汇报一下这个事儿。我亲爱的家人们啊，我"败家"买衣服，不是毫无计划、随心所欲乱花钱的，我是为了成全一位未来的画家呀！你们会支持我、偷偷给我买衣服，并夸奖我穿得好看，对吗？嗯，以你们积攒这么多年的美德和人品，你们一定做得到。谢谢你们！

我也得很努力很努力地赚钱，才能很频繁很频繁地买衣服啊！

好吧，亲爱的，我愿意。

3.
我把她为我画像的事告诉了她妈妈

▶ 2018 年 10 月 30 日　星期二

To：柄老师

10月29日

诔

　　这是 2018 年 10 月 29 日的我，也是 2018 年 10 月 30 日的我。这两天我穿的是同一套衣服：外穿假两件黑色连帽飞行服，大红色前襟，下坠两个硕大的拉链圆环，左袖管有个印着白色字母的拉链带，还有一个迷你版小口袋；内穿一件五彩缤纷的高领 T 恤；下身搭黑色休闲裤。

　　这是榕麟笔下的第三个我。

　　今早，我一走进教室，榕麟就说："老师，您还穿昨天的衣服，我怎么画呢？"

　　我说："你昨天不是说我的飞行服特别难画吗？那你今天歇一天，两天算一天，好吧？我今天要去体检，所以懒得换衣服，反正从医院回家也得洗衣服。还有啊，我也没有钱每天都换一身衣服啊！亲爱的，你给我画像能不能有时抓服装，有时抓表情啊？甚至可以抓表情包啊，比如我微笑、大笑、吃惊……"

　　她说："我想过这样，可是，我怕，把您画毁了，您那么好！"

　　我靠近她："亲爱的，你落笔有爱，我不会变丑。你笔下的我，应该更加贴近生活。"

　　她笑道："好啊好啊！我来试试。"

WO SHI
LAO SHI
YE SHI
YONG YUAN
DE HAIZI 1

我是老师
也是永远的孩子
一

排队体检的时候，想起榕麟给我画像的事，我还没有跟她妈妈交流呢！于是，我发微信给榕麟妈妈：

> 榕麟妈妈，您好，我是她的语文老师杨卫平。感谢您培养了一个好孩子。她每天给我画像。如果能够通过给我画像提高她的绘画水平，我也很高兴。我想，她也可以参考我的照片来画，这样内容就更加丰富。只要她画，我就为此写文字。我们或许能够创造一个教育佳话：学生画，老师写。我发一些我做讲座的照片，您转给她看看用得上不？也许她能因此而多一种思路。

榕麟妈妈回复：

> 敬爱的杨老师，榕麟特别喜欢您，敬重您！一提到您，她就像一只快乐的小鸟，围着我说您的各种好。我们都认为，遇到您是孩子们的幸运，是我们各位家长的幸运！谢谢您！榕麟说，她在校三年，要坚持画您三年呢！在您的关爱下，她一定会越画越好！谢谢您了！

我跟榕麟说："谢谢你启发了我。"

她说："您才启发了我呢！我一看见您就有画您的愿望。"

好吧，孩子，我们互相启发，共同成长。谢谢。

她有时是第二天给我前一天的画像，有时又是当天画当天给。画像并不大，比巴掌还小的一张硬纸卡片就足够画得下整个的我。

除掉休息日和我出差的日子，在学校的每一天，榕麟都在画我。我们在一起的每一天，都变得有趣而灵动了！

4.
我有幸做了老师，
她却希望我做永远的孩子

▶ 2018 年 10 月 31 日　星期三

这是榕麟为我画的第 4 幅画像。

不同于前 3 幅的是：前 3 幅是榕麟照着我这个真人模特画的，这幅是她看着照片画的。前 3 幅中的我是站着的，这幅是坐着的。

底版是我的一张照片。我穿着白色西装，双手交握捂着嘴巴，眼睛看着旁边，微微地笑着。我给她妈妈发去了一些照片，她说首选这一张来画，是因为"很可爱"。

榕麟把我的眼睛画大了很多，像是戴了美瞳，亮晶晶的。眼眸像水一样清澈，能照见我看到的世界。她笔下的我，似乎从来没有经历过岁月的磨砺，似乎从来没有目睹过悲伤，似乎从来没有流泪哭泣。她笔下的我，好像还是个孩子，未经世事，不知变迁，不见沧桑，只是睁圆了一双又大又亮的眼睛，看着这个世界。

照片上的我，眼角有几条鱼尾纹，她的画笔，省去了。我笑出来的法令纹，她也忽略了。照片上的我，看的是别处，略带少年的调皮，似乎也在窃喜；她的画笔，则让我眼眸温暖而明亮，看向了前方。

我的照片，只是她画作的一个依据，但她并不是照葫芦画瓢，一味照搬。她的画作，倾注了深厚的感情，是对我的照片进行的一种再创作。我甚至认为，她改写了我的生命状态。

微微地调整，我就是另外一个样子了。相比较我的照片，她的画作，更多地体现出了孩子的愿望：老师，应该永远年轻，永远目光明亮，永远对世界充满好奇；老师，应该擦亮眼睛，看向前方，对未来充满希望——老师的眼里有光，才能带领学生走向明亮的那方。不，还不仅如此，她在画作上添加了红心，我想，这是她希望我热爱生活的心，也是她厚爱我的心。这是深秋的暖意，也是夜里的好梦。

榕麟是在给我画像，但也不仅仅在给我画像。她在不动声色之间，充当着我的人生导师。她似乎在教我如何过好人生。

一个老师，到底应该以怎样的姿态，怎样的眼神，怎样的面容，怎样的眉宇，怎样的精神面貌，怎样的风度气质，站在孩子的面前，与世界相处，与自身相处？12岁的榕麟，用她的画笔，一笔一笔画了出来。此时无声胜有声，每一笔，都蕴藏着孩子对老师、对世界、对人生的期盼与心愿：如果你有幸做了老师，就应该做永远的孩子。

谢谢榕麟。谢谢即将结束的10月。

11月，我将继续跟着时光，跟着榕麟和她的画笔成长。哦，她画到第100幅的时候，我是不是就是个冻龄美少女了呢？我真是无比期待呀！

5.

她用画笔让我逆生长

▶ 2018 年 11 月 1 日　星期四

你好，11 月。新的一个月的第一天，打卡。

这是榕麟在 10 月 31 日为我画的第 5 幅画像。我是 11 月 1 日拿到的。

和第 4 幅一样，这幅依然是榕麟看着照片画的。

这张照片是我做讲座时，广东的知名班主任林幸谊老师抓拍的。

当时，我一手持话筒，一手按动激光笔，看着电脑，正在使用 PPT。

我穿着撞色拼接套头衬衫：大红色的衬衫，白色荷叶边小竖领，袖口也有白色荷叶边。下边是黑色百褶裙。我喜欢这身衣服，因为它充满喜气与活力。

当我把这张照片发到微信朋友圈时，朋友们评论如下：

WOSHI
LAOSHI
YESHI
YONGYUAN
DE HAIZI
我是老师
也是永远的孩子

1. 红上衣好可爱，像白雪公主的裙子。

2. 好美丽，好魅力。

3. 一朵绽放的花。

4. 红色喜庆。

5. 萌萌哒，杨老师越活越可爱。

6. 多么充满爱意的镜头，表情很好看。

7. 逆生长，越来越靓丽啦！

8. 杨老师每一件衣服都好看。

9. 杨老师出彩，越来越红了。

看来，对于这套衣服和这张照片，大家都是喜欢的。

榕麟也是喜欢的。她表达喜欢的方式是，照着这张照片给我画了一幅画像。会画画真是一件幸福的事啊！真羡慕！

和第4幅一样，她尊重原作，又守住了自己的创作权。

左嘴角标签式的痣还在，刘海的微小分叉也在。却在低头的刹那，分出一小绺头发散落出来，年轻态跃然纸上。和照片比，画像保留了笑容，放大了眼睛，明亮了眼眸。

榕麟把我画得苗条了许多。红衬衣原是宽松版，她画成修身版，但泡泡袖还在，袖口的扣子也保留原貌。她把裙子的颜色涂得轻了一些，有点像浅灰色。她把蔚蓝的背景，变成浅粉与浅蓝拼接撞色，把深灰的电脑变成浅灰。

这样，在她的画笔之下，时光倒流，我一下子穿越了时空，回到了20岁。我变得时尚、青春、轻捷、灵动。

不，这还不是我的20岁。20岁的我也没有这么好看，没有这么活泼。我从来都没有这样好看，这样轻盈。

这是我。我的确有过这样的精神状态。这又不是我。我不如画像年轻、美丽、有灵气。

榕麟把现实中的我和她理想中的我,融为了一体,画出了这样一幅画像。就好像时下流行的顶级修图照片,她用尽心力之所能及,画出了一个似有似无、亦真亦幻的我。

我会妥善珍藏。

我虽不曾如此美丽,但榕麟每给我画一幅画像,我都愿意成为一个更美的自己。为了避免重复与停滞,她也要不断观察,不断创新,不断提升,这是榕麟画我的最终意义。

如此,我便深感幸运,深感欣喜,也深切期待她给我画下一幅画像了。

WOSHI
LAOSHI
YESHI
YONGYUAN
DE HAZI 1

我是老师
也是永远的孩子 1

6.

单凭一件牛仔服，
就能高冷炫酷

10月31日

言沫

　　这是榕麟为我画的第6幅像，画于10月31日。

　　刷新了你们对我的认识吧？

　　你们一定以为，我只穿正装或休闲装吧？不，在10月的最后一天，我耍了一回酷，穿了一件牛仔外套。

　　这是我人生第一件牛仔外套。

　　牛仔裤我以前穿过，但牛仔外套从来没有穿过，后来牛仔裤也不穿了。年龄渐长，我离牛仔越来越远了。2017年春末夏初，我莫名其妙超级想穿牛仔裤，一口气买了三条，但没有买牛仔上装，感觉穿着太装嫩。

　　整整一年过去，2018年春末夏初，想都没有想，我就买了牛仔马甲，过了一天又买了牛仔外套。那两天，我就是想穿牛仔装，没有原因，也没有目的。很任性，想了就做，说买就买。

　　但买了还是不好意思穿。

　　中秋节，女婿和女儿从他们的工作地——北京回来看我。中午我们出去吃饭，我穿了黑色T恤，出门的时候，感到凉意，顺手抓起牛仔马甲套上。

　　等餐的时候，女儿说："妈妈，您穿这件马甲，好年轻！"

她也正穿着牛仔裙。我脱下马甲给她说："你试试，喜欢的话就拿走。"

女儿欢喜地试穿。她个子高，我的短马甲被她穿成超短款，非常显身材。

她开心地前后左右照镜子。

女婿以为她动心了，严肃地说："你别要！"

我懂女婿的意思，他是不想"啃老"。

女儿可能感觉女婿的语气有点生硬，略略不高兴地说："我就是试试，又没有说要！"

女儿脱下马甲递给我说："妈妈，我不要，衣服不好配。"

我赶紧协调气氛："一件马甲，又不贵。我照原样再买一件就是了。我再买一件男装牛仔马甲。我们仨凑成亲子装也很有意思啊！"

女儿还是不要。

牛仔马甲我到底没好意思穿到学校。我有自由的心，但偶尔也会思想保守。

有一次睡前换洗衣服，我又看见这件已经购买一百天却从未上身的牛仔外套。

怦然心动！10 月 19 日，就穿它了。

我走进教室，孩子们沸腾了！

"老师，你好年轻好漂亮哦！"

"老师，你衣服真多，每一件都时尚，都很潮！"

"老师，你知道自己有多大吗？你没有我们大，我们 12 岁，你只有 8 岁！"

我羞红了脸。

下了课，同事们看见我，也起哄："哇，杨老师，你是'百变天后'啊！昨天端庄优雅，今天青春飞扬，气质真好啊！你衣服好看，项链好看，头发也好看，活得真通透啊！"

我的脸更红了。好吧，亲爱的，你们从我着装就能看见我的精神世界。

我说："我女婿跟我说，当一个女人不漂亮，你又想夸她，就说她气质

好……"

年轻的同事说:"不是,不是,您是真的气质好!"

我把我穿牛仔外套的照片发到微博上,点击量不断攀升,一天数万。

那时,榕麟还没有为我画像呢!

10月31日,我感冒了,想穿得厚一点,但是,为了在榕麟笔下多一个样貌,我忍着感冒,再穿牛仔。

我逗她说:"记住我今天的样子哦!只穿一天,过期不候。"

榕麟欢快地说:"记住啦!记住啦!"

于是,在她的笔下,我美目圆睁,面容冷峻,颈挂项链,身着牛仔,双手插进裤子口袋。猛一看,以为在生气;细端详,原来是高冷炫酷!嗯,是的,在榕麟的笔下,我今天的着装与表情,完全不同于之前的每一幅画像。她的画笔,随着我的变化而变化。

哇咔咔,这样做教师,也是别有一番风采啊!

前年的某一天,一位年轻的同事曾在微信朋友圈写:杨卫平老师是我校特级教师,很有气质,每天都穿得很得体,像要随时出席盛典。

哈哈,在着装上,我现在画风变了,主攻青春路线。女为悦己者容,我所有的穿搭,都是为了讨得学生的欢心,为了让榕麟的画笔,不断变化;为了让榕麟的画功,不断精进。

有心人,天不负!

榕麟,你成长的路上,有我;我用心的时刻,你在。

真好。

第二辑

图文并茂，

彰显师生情

WO SHI
LAOSHI
YE SHI
YONGYUAN
DE HAIZI 1

我是老师
也是永远的孩子一

7.

关于写作教学，
我还是有点儿干货的

这是榕麟为我画的第 7 幅画像，画于 11 月 1 日（星期四）。我上课、改作文，有点忙，11 月 3 日（星期六）才有时间写出来。

这是我在课堂上的样子。这也是她第一次画我在上课。

那是一节写作点评课。

我穿着大红的、有着两个大方口袋的短装，袖口露出白色镂空打底薄毛衣的波浪边儿，紫蓝色条纹九分阔腿裤，黑色玛丽珍皮鞋。这是我第一次在榕麟的笔下露出三寸金莲。和身体的其他部位一样，我的脚呈现的，是她一贯的画风：萌萌哒！

这一幅画像，与前 6 幅一致的是：紫红色的头发，嘴角有痣。这两样是我的外貌标签。

不同于前 6 幅的，有以下几点：

1.之前我的嘴巴有时是一道黑色弧线，上扬是微笑，下弯是扮酷；有时是张开，但也只是素颜微笑。这一幅，我有了恰到好处的红唇，好像特意修饰，似乎比之前多了一点爱美之心。

2.我的眼睛，不再是清澈如水的美目，而是目光下视，在专注地点评着学生的作文，一副陶醉其中的表情，左侧还有一句我的评语：这篇作文写得非常好！

3.这是榕麟第一次画图配文。

哈哈哈，我忍俊不禁。

一笑榕麟把我画得那么有趣；二笑榕麟越来越懂得变换画风，从不同角度画出同一个我。每一次变化，都是她的自我更新、自我推进和自我拓展。这正是我心所愿。我不断变换着装，其初衷就是激发她创作的灵感。画像既是对模特的记录，又是画者的创作，画者与模特必须互相懂得才好。我们师生俩正在努力走进对方的内心。

写作以上这段文字的时候，我正在前往山东菏泽的绿皮火车上。郑州距离菏泽 201 千米，可是不通高铁。我要在绿皮火车上经历摇摇晃晃的 4 小时。给我寂寞旅途带来乐趣的，是榕麟给我的一幅幅服饰迥异、神态不同的画像。

做梦都不曾想到啊，我能得到这样特别的爱。

感激不尽。

我点评的，是《给我烦恼的人》这篇作文。

给我烦恼的人

烁儿

如果你问我，谁最让你烦恼？我第一个想到的肯定是我的父母。

父母是我最亲近的人，但也是最让我烦恼的人。就说我的爸爸吧！我本来计划周六上午写作业（因为周六下午和周日全天都有课），但是爸爸他没有经过我的同意，就把我周六上午的时间改为去试听灵感作文课，而且还是试听 3 小时！这对我来说太残暴了！

我小心翼翼地问爸爸能不能不去。

爸爸的脸立刻"晴转暴雨"，像狮子一样吼道："你以为我愿意吗？

WOSHI
LAOSHI
YESHI
YONGYUAN
DE HAIZI 1

我是老师
也是永远的孩子 一

还不是天天为了你？"

我一下子被骂到怀疑人生，我是他的亲儿子吗？

周六晚上，爸爸把我被他没收了一周的平板电脑还回来了，这太让我心头撞鹿了！

我马上打开平板，准备下载"微信"和"抖音"。但是平板好像生病了，一直出现黑屏，气得我马上去"设置"里面找原因。

我以为是内存不够了，准备删除一些软件。

忽然间，我感觉到后背有一股凉气，回头一看，天呐！那不是我那伟大而又凶恶的爸爸吗？原来他给我平板的目的是试探我会不会玩。哈，我可没玩！

当爸爸发现我在看着他时，他才说："别动！"

我微微一笑，回了句："一动不动是王八！"

爸爸拿起平板开始查看，我窃窃私语道："切！你要不信我，就不要给我平板嘛！现在的大人心机真重！"

爸爸的脸一沉，说道："你在干什么？给你平板不是只让你查作业吗？"

我的天，我没玩平板就够好了，你不表扬我就算了，还诬陷我！

好吧，平板又"归西"了。

过程中，我有很多话想对他说，但没这个勇气。因为他的眼睛是过滤镜，会把我的缺点无限放大，把优点无限缩小。如果我顶嘴了，爸爸会立马用 N+1 个我的缺点来数落我，一会儿说我不诚信，一会儿说我不好好学习，一会儿又转移到我妈妈教子无方。我的天呐，我不得不佩服我爸爸的想象力！

每一次被骂，我就会想，为何别人的爸爸如此和蔼可亲，而我的爸爸则是蛮横无理？都说我们小孩子不懂事，其实大人们更不懂事，也不理解孩子。

　　这就是给我带来烦恼的爸爸，我天天在家里不能言语，不能欢天喜地。所以，我只能用有限的校园时光，来填充我天真无邪的内心世界。

炼儿幽默有趣，欢乐搞笑，却也金句频出，引人深思，深得我心，令我甚是陶醉。

当然，孩子也有写得不好甚至很差的作文，怎么办？

我有"写作教学三法"。

第一法，"不教那么多，只教一点点"。把作者叫到身边面批，选材、立意、结构、情感、语言，一次教他一点点，点点滴滴的进步都要及时给予具体鼓励。写作差的孩子怕写作，对写作有一种本能的畏惧和抗拒，老师要做的不是一下子教给他全部的写作技巧，而是化整为零，一次只教一点点，持之以恒，慢慢帮助他建立写作的信心与兴趣。

第二法，"越简单越美好"。要把写作技巧简明化。以我自己多年的写作经验来看，写作的技巧不是高深莫测、无可把握的。汪曾祺回忆他读西南联大时，他的老师沈从文也只是教了五字技巧："贴着人物写"。为了这五个字，汪曾祺课上课下与沈先生交流，聆听教诲。我想，后来汪先生和他的老师沈先生一样成为写作大家，这五字箴言一定起着重要作用。研究庄子的专家刘文典，在西南联大任教时，有一次在课堂上对学生讲，要把文章写好，只要注意"观世音菩萨"就行了。刘先生说的不多不少也是五个字。他是这样解释的："观"就是要多多观察生活；"世"就是要明白社会上的人情世故；"音"就是文章要讲音韵；"菩萨"就是要有救苦救难、为广大人民服务的菩萨心肠。言简意丰，怎样写好文章，还得允许学生自己慢慢学习和揣摩。

第三法，"少讲几句，多评几本"。我极少上写作指导课。写作是个性化行为，

我是老师
也是永远的孩子 1

WOSHI
LAOSHI
YESHI
YONGYUAN
DE HAIZI 1

老师的有意指导，反而可能会画蛇添足，适得其反，限制学生的思维，使之落入千篇一律、众口一词的窠臼。"喊破嗓子，不如甩开膀子"，讲得再多，都不如让学生实际投身写作，而后根据他们的习作，肯定优点，指出缺点，奠定下一次写作的基础。

就像榕麟画的这堂课，我重视写作点评课。

我采取的是"层级式点评"，即把学生的作文分为"好、中、差"三个层级来点评。

第一层，好的念两三篇。"言为心声"，文章由作者自己宣读，读完要有背景介绍、构思陈述和全员研讨式点评，从而形成共鸣与争鸣的氛围。

第二层，中等的宣读一两篇。这样的作文不算好，为了维护作者尊严，一般由我不点名宣读。我们的目的，不是让大家知道这是谁的作文，而是教会大家这篇作文应该怎样改——类似于钱锺书先生"看见一个鸡蛋，不必认识下蛋的母鸡"的理论。读完，师生齐心协力找出其中的优缺点，中肯点评，以帮助学生明优劣，定方向。

第三层，差的宣读一到两篇。这不是"批斗会"，而是"互助沙龙"：每一篇作文，不管差到什么程度，都不能简单粗暴地一票否决，而是要耐心地寻找其中亮点，即便一个小段落、一句话、一个词，只要有光芒，就要让光芒散发。老师要让作者稳定内心，不能让他如坐针毡、如芒在背，一篇被定论为"一无是处"的文章，是作者的暗夜。写作点评课的目的，不是把作者推进伸手不见五指的黑夜不问不管，而是帮他开启光明大道，或者点亮夜里的星光，一路向前。

写作点评，分为自评、互评、师评三种形式。自评、互评需要老师引导。

我就经常跟孩子们谈："点评任何人或事，都要科学、客观、全面，你把一篇文章批得体无完肤，作者还有信心写下一篇作文吗？我们点评作文的目的，不是让作者感觉自己的文字太烂，而是要帮助他明确以后怎么写作。"

于是，孩子的点评，就不仅仅囿于找缺点、查不足了。他们会先看到对方的优点，再提缺点和修改建议。

老师的点评，则是学生写作的风向标。

我记得，在这学期的第一次教研活动中，同事们都吐槽新一届学生不好教。

有人说："让写随笔《我上初中第一天》，学生就记流水账，第一节什么课，第二节什么课，第三节什么课……每一节他都不落下，然后又写什么'沿着台阶边缘的光滑地带滑到地下停车场'，这都写的什么呀？"

我说："孩子把开学第一天记得多清楚啊！每一节课都在他心里，他应该得到鼓励呀！你点评时这样说——这位同学真细心啊，一节课都不落下！可是，写作不是流水账，要讲究详略得当，略写或者不写那些司空见惯的东西，详写上初中第一天的新发现、新体验，比如滑到停车场的那个细节，为什么放着台阶不走，偏去滑行？是怎么滑的？滑行过程中有什么样的心理活动和行为体验？有没有考虑到安全问题？孩子不是天生写手，需要我们的细心引导。"

我们点评孩子的作文也不仅仅是点评作文，凡事都是如此，先肯定亮点，再提出建议，孩子容易接受，也愿意继续写下去。写作教学，保护孩子的写作意愿排第一，培养写作能力在其次。并且，写作是个性化的创作活动，写作水平不是教出来的，是激发出来的。不要教他们写作模式，要给他们写作的信心。少一些技能培训、思维框架、模式限制，多一些写后反馈与点评、启迪与引导。

在我看来，写作无禁区，写作无模式；写作有个性，文字有血性；写作有真情，文字有生活。写作点评，要多元化、客观化、动态化。

这是我写作教学的一点干货，百试不爽，心诚则灵，拿走不谢。

WO SHI
LAO SHI
YE SHI
YONG YUAN
DE HAIZI 1

我是老师
也是永远的孩子 1

8.

孩子浮躁怎么办？
不怕！我有"左膀右臂"

▶ 2018 年 11 月 5 日　星期一

这是榕麟为我画的第 8 幅画像。

深秋已至，秋雨寒凉，我穿着酒红色绣花毛呢短夹克、黑色羊毛衫、黑色休闲裤。本来可以穿得再厚实一些，可是，新周一，我想给榕麟创造一个仔细观察、认真描摹的机会，就穿了这一身儿。晚上放学，刚出门的时候，只有 5 摄氏度，我冻得上下牙打了好几架。为了丰富榕麟的绘画生活，我也是要风度不要温度，蛮拼的。

夹克不好画。肩头有绣花，袖口和下摆都需要修饰。窃喜一会儿，作为榕麟最亲近的老师，我总不动声色地"刁难"她，给她制造绘画障碍与难题。得意一下，我感觉自己蛮有心机，并且蛮有教育艺术的！

新周一，孩子们有些浮躁。

榕麟的配文，是我眉锁薄忧，眼含轻愁，站在讲台边，举着小小的麦克风说"不要让我维持纪律"。

孩子们不守纪律，画中的讲台却涂着腮红，喜眉俏眼，口里念叨"我是讲台"，倒也是别有一番趣味。这给本有点严肃的人物画增添了几分调皮与幽默。整个画面富有变化，错落有致，这是榕麟的又一种新尝试。每一天都画我，每一天都有新元素，这正合我意。

课堂上，小伙伴们很躁动，我的课代表们就坐不住了。一下课，他们就聚集起来，密谋着要把课堂纪律搞好。

对此，我也是有些体会的。

这些年，我教过"70后""80后""90后""00后"，现在教到"05后"，他们似乎和之前的学生不一样了：专注于单纯的文化课学习的学生不如以前多了。爱好多样，涉猎甚广，是他们的共同点。这是时代发展的体现，社会越来越愿意包容，越来越多元地评价学生了。这也有弊端：孩子对知识粗知皮毛就满足，缺乏安静思考、痴迷求知、深度探索的精神。浮躁是一种社会病，现在正传染给孩子。教育者越来越需要深扎根、慢耕耘了。

我的课代表们悄悄来问："老师，您有没有什么作业可以免？"

我想了想，摇头："没有！我作业本来就少啊！"

他们说："那好吧，我们再商量商量，想出一个办法来调动小伙伴的学习积极性——我们已经确定，要想办法奖励，不用批评、呵斥和惩罚手段。惩罚不是您的性格，也不是您的作风。我们要帮您，就不能反着来。"

感动！孩子们对我太好了。

我常常想，惩罚固然能起到鞭策、警示作用，但唤醒、激发、宽容、鼓励、托举，是比惩罚更有价值和意义的教育方式。即使是慢一些、难一些，我还是愿意选择建设，而不是批判。

今天课堂上有三个孩子一而再再而三地分神，我采取的方式是，要求他们下课到办公室去，我提问课堂所学的知识。孩子们被警醒之后，答得都不错。

孩子是需要培养的。给他们一个明确的学习任务，及时检查落实，允许学生有反复，这会有效果的。教育是慢生活，不能期望一蹴而就，只可盼望循序渐进。孩子浮躁，老师可不能急躁，躁到一起就会爆炸。坏情绪只会把事情办砸，好情绪才会使得整个成长的"场"形成良性循环。

再说，我并不是单枪匹马，还有课代表们做我的左膀右臂，榕麟做我的画像师，时时帮衬，处处提醒呢！人多力量大，我对孩子们、对我自己有信心。

如此，这幅画像的意义，已经超越了画像本身。

谢谢榕麟。

明天，换上花色繁复的轻薄羽绒服，对榕麟画功有没有促进？我的教学是不是具有吸引力？孩子们的求知欲望是不是更强烈？

吾日三省吾身！

WO SHI
LAO SHI
YE SHI
YONG YUAN
DE HAIZI 1
我是老师
也是永远的孩子 1

9.

厉害了，
我的课代表

▶ 2018 年 11 月 6 日　星期二

这是榕麟为我画的第 9 幅画像。

又是一个阴雨秋日，气温低到尘埃里。我穿了一件蓝绿杂色的七分袖轻薄羽绒服，黑毛衫，黑裤子，黑鞋。这一身儿穿搭，把我紫红的头发衬得更加惹眼。

榕麟画的是我在上课时的情形。

下周就要期中考试，今天复习《〈论语〉十二章》。

我发现，有的孩子还不知道什么是通假字。这个问题，我确定讲过很多遍了，可他照样说，"吾十有五而志于学"里的通假字是"吾"通"我"。怎么办？批他于事无补，反而导致他不敢探问或者敷衍蒙混过关，唯一的办法是从头再来，反复学习。

于是，我说，"学而时习之，不亦说乎"的"说"同"悦"。这个瞬间被榕麟记下来，定格成我今日画像的标志性语言。

这是课堂上的一个亮点。我讲完这个问题，师生都很开心，因为温故知新了嘛。

于是，榕麟就抓住这个瞬间，把它画了下来。小姑娘目光很犀利啊！

我想了想，今天的课，的确比昨天上得顺手。

下课，课代表诗乔走到跟前问我："老师，是不是觉得今天小伙伴还不错啊？"

我说："是的，是的。谢谢你们几个课代表。你们齐心协力一抓，就好了！"

她悄悄靠近我说："我们几个开过会了，课代表都要跟自己分管的组员逐人交流。小伙伴听得进劝告，今天很给力，表现很好吧？以后，我们还要出台奖励机制！"

哈哈哈，厉害了，我的课代表！我这个语文老师坐享其成了，所以榕麟把我画得很从容嘛！

嗯，再写点幕后花絮哈！

关于语文学习，诗乔这样说："老师，您知道为什么语文课堂没有数学和英语课堂安静吗？因为数学、英语需要动脑筋思考，语文不需要思维……"

我看了她一会儿，无声地伸出手臂，环住她的腰，把头靠在她身上，做昏倒状。

她意识到自己说话不恰当，赶紧说："语文不是不需要思维，是多半需要形象思维，逻辑思维不如数学和英语需求量大。"

我笑了。孩子这应变能力十分强大啊。

我相信，经过这几个有办法的课代表统筹规划，因势利导，明天的课堂会更好。

那么，问题来了。明天，我穿什么给榕麟画？

夜晚，榕麟来信说：

杨老师，穿厚点吧，明天冷。你穿什么我都会把你画得萌萌哒！

明天就立冬了，还要继续下雨，自然是寒冷的。但是，榕麟的信，给了我无限温暖。

22点55分了，写到这儿吧！现在去衣橱里找衣服，让榕麟画出和今天不一样的我。每天更衣，不是我为她做了什么，而只是我对她爱的报答。

谢谢。晚安，11月6日。

WO SHI LAOSHI
YE SHI
YONGYUAN
DE HAIZI 1

我是老师
也是永远的孩子 1

10.

我的一句话，
她焐热在手心

▶ 2018 年 11 月 7 日　星期三

这是榕麟为我画的第 10 幅画像。

今天是立冬节气，6～10 摄氏度，我穿了一件短款大红复古唐装薄棉服。衣襟上有五彩缤纷的中式绣花，墨绿的民族风盘扣，绿色的腰线。我买它，就是因为整件衣服用色考究，做工精细。我想，这对榕麟的画功又是一次挑战。

为了不让榕麟产生审美疲劳，我在着装上是花了心思的。我对色彩的选择和搭配，似乎比以前敏感了；我对服装质量的要求，似乎比以前严格了。很荣幸，因为孩子，我成为了更好的自己。

为了以丰富多样的状态来给榕麟当模特，我每隔两天就要网购新衣服。我工资的一多半，都用来购买衣服了。还好，我的家人都极力支持，他们看着我过得这样开心，都替我感到高兴。"双十一"购物狂欢节就要来了，"买买买"将成为我所做的最有意义的事情。

门卫室的严师傅每次见我收货，就慨叹："又是衣服！"

接着，他追问我："杨老师，您买那么多衣服，家里装得下吗？"

我说："买了新的，半新的就捐给爱心衣箱了。新旧更替，于人于己都不算浪费。"

我是个为成长奋不顾身的人。年轻时，我就喜欢毛阿敏的歌——《投入地爱一次》：

投入地笑一次 / 忘了自己 / 投入地爱一次 / 忘了自己 / 伸出你的手 /

别有顾虑 / 敞开你的心 / 别再犹豫 / 投入蓝天 / 你就是白云 / 投入白云 /

你就是细雨 / 在共同的目光里 / 你中有我 / 我中有你

自榕麟给我画像的那天起，生活已经赋予我坚定的信念和伟大的使命。我是语文老师，不懂画，也不善画，我连一片叶、一朵花、一根大拇指或者小拇哥都画不出来，但也许我能培养出一个画家。即便她最终没有成为画家，也一定会因为这一段师生之间的密切配合而拥有独特的洞察力和热爱生活的能力。敢想，生命才有无限可能。我的生活里，因为有了榕麟，不再只是有苟且，还有了满满的诗情画意与无穷的远方。这使得我对一切都从容不迫。我在做着一项平凡而伟大的事业，必须有开放的心态、博大的胸襟和美丽的情怀。

和昨天一样，榕麟画的是我在上课时的情形。

期中考试快到了，我说："考试之前，都允许出错，孩子们！"

只有允许孩子出错，才能培养他们求知的愿望、探索的精神和创新的能力。一切都正确的，那不是孩子，是木偶，是机器。我要培养和陪伴的，不是机器与木偶，而是活生生的人，所以，我能平静、平和、平顺地允许孩子犯错。

我说完这句话，孩子们就放得开了，积极投入到学习活动中。生命在场，课堂沸腾。由此可见，大人不允许孩子出错，那就是自己出了错。

"考试之前，都允许出错，孩子们！"一堂课，我说的，远不止这一句话。但榕麟选取了这一句。我确定，这一句，是我的心声，是我花了很多年建设起来的教育认知与教育理念。这句话被榕麟轻轻握在手心，捂热，然后流泻于笔端。我多年的探索与实践，被定格在瞬间。而整幅画，就有了生命的温度。12

我是老师
也是永远的孩子 1
WOSHI
LAOSHI
YESHI
YONGYUAN
DE HAIZI 1

岁的榕麟，跟 50 岁的我之间，似乎从来没有隔着三十八年的岁月风尘，没有代沟，也没有隔阂。彼此懂得，相互珍惜，我是良师，她是益友。

下课的时候，别人都出去玩玩闹闹，眺望远方，在校园里到处寻找四叶草，榕麟不，她就静静地画我。每一次画我，她只看一眼就入心。她把真实的我和她心里的我，揉在一起，挥动笔墨，画出一个又一个崭新的我。

到了今天，我一数，榕麟为我画的画像，整整 10 幅了。我把 10 幅画像错落排开，竟发现自己最偏爱红、黑、蓝、白四色。真的，以前不知道自己在色彩上的偏好，榕麟给我创造了认识自己、靠近自己的机会。这一幅又一幅画像，令我心花怒放。我，也是热爱生活的人呢！

连续三天，郑州阴雨绵绵，空气湿冷，我左脚旧疾复发，疼痛难忍，路都走不成，但我不曾感到丝毫的苦楚，即便如今天，全天四节课外加一节早读，我也笔直地站在讲台上，面含微笑。我知道，讲台下的榕麟在看我，在画我。我不能让她看见我疼痛时变了形的脸和被痛苦撕扯着的表情。是孩子，用她尚且稚嫩的画笔和已经成熟的心灵，在促使我坚强而得体地推动生活。

幸甚至哉，歌以咏志！

11.

他很皮，
但我照样喜欢

这是榕麟为我画的第 11 幅画像。

她画的是 11 月 8 日的我，我 11 月 11 日才
有时间写这段文字。今天必须写出来了。不然
的话，明天又是新的一周，每个周一，我都忙
得像陀螺，顾不上写，会欠榕麟账。老师总是
教育学生不要拖延，自己可不得先给学生做表
率吗？嘻嘻，之前的几天，都在忙着为"双十一"抢衣服了：搜索、比价、秒拍、
购物，周而复始、乐此不疲。

我想起了网上配有马云照片的段子：

　　自从认识了这个男人，我获得了两大成功：登录成功，付款成功；
还拥有了人生第一辆车：购物车；也明白了自己人生最大的不足：余
额不足。

我已经买到手软。我知道，系统已经把我自动进阶为"购物狂""剁手党"。
可是，我还是必须要做，我要为榕麟画画圈衣服啊！

11 月 11 日，第 11 幅画像，这是"11"扎堆儿的节奏嘛！

那一天，星期四，我上身穿了一件酒红底色、姜黄大花的唐装，衣领处有一个硕大的中国结，微型喇叭袖，下身配了一条靛青蓝灯芯绒直筒裤，手戴翠绿色玉手镯。

课间，榕麟和小伙伴上上下下打量我。

小伙伴起哄："老师的衣服好花哦！不好画吧？中国结、绿手镯，都要画出来啊……"

榕麟只是静静观察，笑而不语。

我也觉得我穿这一身儿不好画。给她出难题，是我的责任。

榕麟认真地看看我，轻轻说："下午上课前画出来给您。"

她下午没来学校，爷爷住院了，她去探望。画像没画出来。我愿意为此而等待。爷爷生病，孙女自当第一时间送上温暖。

第二天，她说头痛，精神也不是太振作。她好像是感冒了。

我说："多喝水，多休息，画像暂时停下来。"

今天是第四天，周日，她通过微信传来了画像。

她画的是我上课的情形。

烁儿，就是前文写到他作文的那个男孩子，他原本坐在第二排，可他是个小话痨，上课的时候，嘚吧嘚吧嘚吧个没完没了，前后左右都被他干扰。

怎么办？不能一味批评。"熊孩子"通常是大人纵容溺爱或训斥批评的产物。

我一眼看见讲桌旁边有一个空座儿。

我把烁儿叫过来坐到我身边。

他欣然接受。

他拿着书本和笔，笑眯眯地坐过来，假装很有风度的样子。

我摸着烁儿的头，意味深长地说："以后这就是你的宝座！"

坐在第一排紧挨着烁儿的小戴和永泰，忍不住笑了。榕麟用他们的头像来映衬烁儿这个"人来疯"。烁儿就是这样，越是有人关注他，他就越有表现欲。

他东张西望、得意扬扬的样子被榕麟捕捉到了，她在画上诙谐地批注"自己觉得自己很帅"。

虽然烁儿很皮，但我依然喜欢他，对他很亲切、很尊重。我不嫌弃他，而愿意靠近他，所以我会抚摸他的头，会称那个特别的座位为"宝座"。历届学生中，我多次以座位靠近我的方式，慢慢修正他们的缺点，规范他们的言行，培养出了一个又一个可爱有趣的学生。

我曾悄悄翻看烁儿爸爸的微信朋友圈，知道烁儿喜欢街舞、下棋、逗乐。我还把他跳街舞的视频下载下来存在手机里，时常翻看。喜欢每一个学生，我一直在悄悄进行中。

教他语文课两个月以来，我发现他虽然基础知识弱，但是对文字很敏感，口头表达和书面作文都很好。

有时候，上课前，我到教室候课，走在走廊上，烁儿就迈着小碎步疾走在侧，寸步不离，样子很滑稽，很搞笑。

我笑着问他："干吗？"

他说："保护老师进教室！"

这着实令我感动。

与人相处，先看对方的闪光点，这令我在后续的过程中越来越有办法，越来越感到快乐。为了更好地帮助烁儿，我认真分析他的特点：天真、幼稚、调皮、诚恳。每一个孩子都可爱着呢，所以，孩子有缺点，我们想办法帮助他改就是了。帮助学生改缺点而不是批评他有缺点，是教育智慧，我应该积极探索。

与学生相处的过程中，我以亲切的态度表现出对孩子的喜欢、欣赏、尊重与期待。榕麟把握表情特别准确，所以，她画出了我脸上恰到好处的笑意。

这幅画像，无论是着色，还是表情，都令我欣赏有加，动力十足。谢谢榕麟，谢谢烁儿，谢谢我所教着的所有小天使。

WO SHI
LAOSHI
YE SHI
YONGYUAN
DE HAIZI !

我是老师
也是永远的孩子！

12.

我不怕他积习难改，
我只管自己坚忍淡定

▶ 2018 年 11 月 11 日　星期日

之前太忙碌，我已经攒了两幅画像没写了。
趁着周日，我一鼓作气，再写一篇。

这是榕麟为我画的第 12 幅画像。时间是 11
月 9 日，星期五。

那一天，我的装扮格外鲜亮：紫红色微卷
的短发，明黄与白色混搭、翻领、保暖、显瘦、
超短的外套、藏蓝色裙子。这一身儿行头，帮我减龄了。这比我年轻的时候新
潮、时尚。年轻的时候，我爱穿黑、灰等凝重颜色的衣服，一是因为思想保守，
那时以为，老师嘛，就得正统、严肃；二是那个时候，衣服也不像现在这样款
式多样，色彩斑斓。大而言之，那个时代限制了我的审美水准。当时代越来越
发展，我的着装风格也随之变化和拓展。我的胆子越来越大，没有什么能穿不
能穿、敢穿不敢穿，只有穿或者不穿。我渐渐顺应自己的内心，只要自己喜欢，
只要学生喜欢，我就穿，才不管是不是装嫩，是不是混搭。

可是，即便我穿得如此充满活力，即便我在课堂上慷慨激昂，侃侃而谈，
依然无法吸引我身边"宝座"上的烁儿。他正在悄悄地跟别人说话！上课说话
是烁儿的老习惯。我的课代表们，一直在想办法帮助他。

课代表诗乔跟我说，烁儿是吃软不吃硬的话痨硬汉。她就跟烁儿约定，只
要他管住自己一堂课，就给他买一包零食。这诗乔也是挺舍得破费的。

　　她抓住了烁儿是"吃货"这个特点，投其所好。重赏之下必有勇夫，烁儿真是比之前坐得稳了。当然，我以为，烁儿的变化更多的是因为他感受到了诗乔对他的真心帮助。但这需要一个过程。烁儿依然不能管住自己一堂课，所以他尚未得到诗乔奖励的零食。好吧，世界上最遥远的距离，不是生与死的距离，而是烁儿与一包零食之间的距离。不管烁儿是否得到诗乔的奖励，诗乔的这个方法，都要比一味皱眉叹息、束手无策好很多。最起码，诗乔和烁儿都看到了希望，都有盼头。

　　嗯？我发现了烁儿正在和同学说话！我怎么处理？榕麟画出来了：我双臂抱在胸前，靠近小话痨，叫一声"烁儿～"。我简直是半张脸黑线啊！

　　这是榕麟第一次把我的脸色画得如此暗沉。从额头到鼻翼，都是满满的黑啊！啊呀！我的心好痛哦！

　　还好，还好，我并没有生气，我的站姿也还温暖，我的嘴角微微上扬，我的左眼，像一颗硕大而闪亮的星星。我看见了烁儿的缺点，但我也会给他灿若星辰的善意。我叫他的时候，没有叫全名，而是亲切地称他为"烁儿～"，称呼后面的波浪线"～"意味着语调波动，我并没有训斥，而是玩起幽默、变换语气吸引他。我对自己、对孩子，都没有什么高标准，而是低标准：我不想着立即把他培养成一个严格自律的少年，而是只看这一刻他的进步——这一刻，我叫一声"烁儿"，他能回过神来，就好。如果他再说话，我就再叫"烁儿～"。如果他还管不住自己，我就连叫三声"烁儿～烁儿～烁儿～"，我不怕他积习难改，只管自己坚忍淡定，持之以恒。传说晋朝和尚道生法师对着石头讲经，石头都点起头来，更何况他是个活生生的孩子。如果我的爱，抵达了他的内心，他自会成长。我也不奢望他一下子改掉爱说话的毛病，这不符合教育规律。一天进步一点点，他高兴，我开心。这样，每一天，我都对未来的日子充满憧憬与向往！

　　不烦，不躁，不急，不怒，走一步，再走一步，享受教育的过程，我心温柔，自有力量。此乐何极！

WOSHI
LAOSHI
YESHI
YONGYUAN
DE HAIZI
我是老师
也是永远的孩子 1

13.

哈哈哈，孩子，
你错得太可爱

▶ 2018 年 11 月 12 日　星期一

这是榕麟为我画的第 13 幅画像。

立冬过后，一天比一天冷。今天我穿了一身
新衣：浅蓝色轻薄羽绒服，灰色毛呢休闲裤。果
然"人是衣服马是鞍"，这让我显得清爽轻松。

榕麟给我画的像，不仅仅是画我本人，也在
画背后的故事。

本周四期中考试，今天我们在复习现代文阅读：孩子们做题，我进行提问
和点评。有一个问题是这样的：结合全文内容分析某某某的形象。

我提问一个孩子，他答："因为家庭贫困，某某某不注重自己的形象……"

哈哈哈，哈哈哈，孩子的回答，实在是太逗了，太能制造欢乐了。

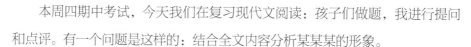

我忍不住捧腹大笑。我教了几十年语文，从来没有学生这样"分析人物形
象"。他的错误是一种高级幽默。我被他逗笑，忘掉了我是老师，也忘记了即将
到来的考试。我只管开怀大笑。榕麟笔下的我，双手捧腹，右脚向上翘起，活
泼有趣，似乎还带着几分调皮。我不想和大多数人一样，做考试的焦虑者。考试，
也不过是平常日子里的平常事件，越从容，越幸运。

我的笑，很有感染力，也逗笑了孩子们。

哈哈哈，哈哈哈，课堂成了欢乐的海洋。这一幕，被榕麟画了出来。

这是我的真性情。学生犯错，我不会劈头盖脸、声色俱厉去训斥，反而常常被孩子逗笑，甚至是捧腹大笑。训斥，只会把孩子变笨，限制孩子的思维和探索的欲望，使得孩子畏首畏尾，不敢想、不敢说、不敢做。所以，对人，无论是大人还是孩子，我都留着一份宽容，一种海阔天空。不攻击、不批判，我愿意理解、包容所有的意外与不同。这是我的职业幸福，也是我的人生幸福。

大笑过后，我跟孩子们一点点分析，直至达成共识：所谓人物形象，包括人物的外貌、身份、职业、思想特征、性格特征、精神风貌、人格品质、家庭或社会地位、社会或时代意义。一点一点，一步一步，孩子们学会了分析人物形象。

那个回答问题很离谱的孩子，也频频点头。

我当众大笑，甚是欢乐。

我问榕麟："我如此捧腹大笑，为什么把我的嘴巴画得这样收敛，而不是用夸张的手法把它画成一个门洞？"

她指着画上我头部的两侧。我看见，有两道弧线。她说，那代表我笑的效果。

我还看见，她的文字解说：这叫捧腹大笑！

聪明善良的姑娘啊，她不想把我画得张大嘴巴，无遮无拦。她不想画出我的丑态。我知道，我捧腹大笑的时候，嘴巴能塞进一枚双黄鸡蛋。她用得体的效果图形和文字解说，代替了我无拘无束大笑时的失态。她既表现了我的欢乐，又保持了画像的美感。

我很感动，又不知道怎样感谢她。于是，今天，11 月 12 日，"双十一"购物狂欢节已经过去，在没有任何优惠活动的情况下，我又买了两件新衣。我以持续不断换新衣的方式配合榕麟给我画像，以此增强新鲜感，激发她的绘画欲望和绘画兴趣，也丰富她的绘画内容，提升她的绘画技巧。

时时买新衣，铁杆"剁手党"。做榕麟的模特，我是认真的。

WO SHI
LAO SHI
YE SHI
YONG YUAN
DE HAI ZI 1

我是老师
也是永远的孩子 1

14.

初冬夜，
春风落进我心里

▶ 2018 年 11 月 13 日　星期二

这是 11 月 13 日，榕麟为我画的第 14 幅画像。

我穿着大红打底薄毛衫，蓝底红色波点短西装，红色短裙，系着蝴蝶结的黑色鞋子。

榕麟笔下的我在说："看风景、写风景，主要在山水……"

每一次，她都能准确地把握我讲课的精髓。这一节课，我讲的就是古诗中的风景。"我看青山多妩媚，料青山看我亦如是"，山水是景，也是情。

她画画速度比较快。一般情况下，连带裁纸——给我画像很省纸，她只需要从一张八开的画纸上裁下比巴掌还小的一块儿，就够画我了——裁纸、运笔、上色，三个课间加起来，就能把像画好。

她画画的时候，我坐在她身边，跟她聊家常话。

我问她："你家里有几个孩子？"

她一边裁纸一边说："两个。"

我问："你是老几？"

她一边娴熟地修着纸边儿一边说："老二。我还有个哥哥。"

我问："哥哥大你多少？"

她还在仔仔细细修纸边儿，头也没抬，轻声说："一分钟。"

哦，原来是龙凤胎。

我继续问："你在家里，跟爸爸妈妈哥哥交流多吗？"

她一边试着画笔一边说："不多。"

我明白了，她沉迷于自己喜欢的事情中，或画画，或读书，或收拾她的小房间，不需要跟别人交流，她有足够丰富、足够火热的生活。她的爸爸妈妈也很会做大人，允许榕麟成为寡言少语的孩子。每个孩子都应该有自己的样子，而不是大人想要的样子。

这时，一个女孩走过来和我们一起聊天。

我记得她俩时常放学一起走路回家，就问："你们是好朋友吗？"

榕麟说："我不知道算不算好朋友。我不交朋友。"

看似柔弱清秀的榕麟，很是超凡脱俗，独立、有个性。她有少年的天真，也有成人的淡定。她为人宽厚，与人为善，却也远离人群，自在独行。她不需要与人交朋友，她自己，还有她的画笔，她喜欢做的事情，都是她的朋友。在一个新环境中，她不用靠结交朋友而获得存在感和幸福感。她有着强大的内心与自由的精神。她并不孤独。与世界相处，有多种多样的形式，我们不必"一刀切"，不必认为小孩子就一定要活泼开朗、热情奔放。像榕麟这样安静悠然地打发时光，不是别有一番趣味吗？

榕麟虽然不交朋友，但是她坚持每天给我画像这种行为，就是一则广告，能为她招来好人缘。每每她为我画像，总有人围观。我想，孩子们对我的了解，多半是建立在榕麟为我画像这件事上的。

榕麟以给我画像来表达爱心，孩子们对我的呵护与关爱，则以另外的形式呈现。

晚上放学的时候，夜幕降临，天空挂着一轮弯弯的月亮，这个夜晚因之而增添了朦胧诗意。我在校园里遇见几个男生。他们和我互相问候之后，随我往校园外面走。我在前，他们在后。

这时一个外班的男生赶上来。他与我班其中一个学生是邻居，他们约着一起回家。他的步伐快些，超过了我，走到了我前面。

我并没有在意。走到门卫室，我停下来取快递。

我听见我的学生很严肃地跟那个外班男生说："你怎么能超过语文老师，走到她前面？"

那男生不以为然地嘟囔道："语文老师咋啦？又不是我的语文老师！"

我的学生铿锵有力地说："她虽然不是你的语文老师，可她值得所有人敬重！"

初冬的夜里，有清凉的风从耳边吹过，落进我的心里，成了春风。

孩子们没有再争论。他们结伴而行，走出校门，离我越来越远。我却觉得，他们不曾走远。作为老师，我没有刻意教过学生尊师重教，但是孩子们却给了我这样的礼遇，真感动。

孩子们的内心总是丰富多彩的，他们对我，并不仅仅是这样绅士一般的礼遇，也有非常大胆的想象。

下午，女生梓妍跟我说："老师，我也喜欢画画。我画猫画得还不错，我想把您画成一只猫，可以吗？"

我说："好啊好啊，榕麟把我画成人，你也可以把我画成猫啊！"

我是真的很好奇呢！我在榕麟笔下是一个怎样的人？在梓妍笔下又是一只怎样的猫呢？二者有交集吗？拭目以待。

第三辑

贴近孩子，

我就是个「猫人儿」

WOSHI
LAOSHI
YESHI
YONGYUAN
DE HAIZI 1

我是老师
也是永远的孩子 1

15.

我有时是人，
有时是猫

▶ 2018 年 11 月 14 日　星期三

这是榕麟为我画的第 15 幅画像。

今天，我穿了酒红色毛呢小西装——不，
这还不是传统意义的西装，在前襟圆形衣角的
下摆处，还有一点短短的拼接，像喇叭裙摆。它应该是西装与裙装的融合，是
一种改良西装或者改良裙装。但是，它又太短，不符合我的职业着装要求，于
是我就配了一条波点小裙子。努力为榕麟学穿搭，是有意思的事情。这一身着装，
不好画。下课的时候，小画家专程来考察它的设计与搭配。

早晨在学校餐厅吃饭时，一个闺蜜逗我说："又换衣服了！这件衣服你以前
没有穿过吧？"

我说："只在外出讲座时穿过一次，为了给我的学生当好模特，昨晚从箱底
翻出来的。为了培养这个孩子的绘画能力，这个'双十一'，我又败了好多衣服，
家里的沙发都堆满了，还有货在来的路上！"

她哈哈大笑。

她曾经多次说我："你就是个疯子！为了学生，为了工作，你可以付出一切！"

但是，今天，她是这样说的："亲爱的，我越来越理解你了，你这样全心全
意地付出，一定能收获到别人体会不到的欢乐。我支持你！"

温暖，感动。

我的家人也是这样支持我的。

女儿根据榕麟画出的我的不同形象，叫我"酷酷杨""捧腹大笑杨""黑脸杨"……"双十一"那天，她特意跟我视频聊天，跟我商讨买一些什么样的衣服来丰富榕麟的绘画素材。

女婿说："妈妈，您在给学生当模特的时候，有什么需要帮助的，我们来！"

家人、闺蜜的支持，是我的不竭动力。于是，我就任性地买买买。

明天就要期中考试了，今天我给孩子们讲讲作文。

我不想让孩子们感觉作文难写，就展开双臂，做着扯拉面的动作。我说："写作文就像卖拉面，扯呀扯，越扯越劲道，越扯越瓷实，越扯越顺手。人物的语言、动作、心理、外貌、神态，都跃然纸上了，环境描写就栩栩如生了，画龙点睛的金句就应运而生了，不知不觉你就'扯'出一篇好文章了……"

孩子们大笑不止。榕麟也笑。然后，她把这句话作为我今天的主题句。没错，我说这话的时候，伴随着的，就是这样双臂平举的动作。我的指尖，还有扯拉面的动态效果呢！

今天的画者，多了一个人，梓妍。她和榕麟都是对绘画痴迷的孩子。榕麟从小到大，断断续续学过画画；梓妍则是无师自通，她画画完全凭直觉。和榕麟一样，她给我画像，用的也是笔名。她的笔名叫佐伊。

梓妍说她画猫比画人好看。今天，在她的笔下，我就是喵老师。我穿着酒红的西装和小黑裙，扬着高高的尾巴，开开心心地向前走着——我确定，这只猫是我，因为她的左嘴角长着和我一模一样的痣啊！只是，那是一只比我美一百倍的猫。小画家美化了我。今天女儿该叫我"喵喵杨"了吧？

这是一个喵星人的世界。我的身后跟着一只小猫，他是烁儿。烁儿跟我步伐一致，我们抬起的都是右前腿、左后腿。我们的表情也是一样的快乐。和我扬尾巴不同，他的尾巴是垂着的。我们师生俩，相映成趣。

佐伊

梓妍收笔的时候，烁儿委屈地说："老师，我没脸啊！"

我仔细看了看，这恰好是梓妍的高明之处，她只在小猫的头上写了一个"烁"字，没有画出烁儿眉眼口鼻，可是仅凭举手投足、尾巴下弯的弧度，我们就能看出，烁儿是可爱而欢乐的。

梓妍为什么把我和烁儿画在一起？这里有故事。

烁儿上课爱说话，对周围同学影响很大。

有一次我上课，我徒弟来听课。烁儿趁我板书时，站在桌子上爬暖气管道，惹得课堂一片大乱。

后来，我每次上课，就把他安置在自己身边。

我说："来，烁儿，坐到我身边！我在哪儿你就跟到哪儿！"

烁儿就拿着书本文具，欢快地来到我身边。时间一久，我俩就师生一体化了。在第11、12幅画像里，榕麟也都画到了烁儿。

大家都说，别人都是人造革，烁儿是真皮。即便坐到我身边，他也不安静，经常扭过脸跟同学们做鬼脸，把全班逗得哈哈大笑。他自己"哈哈哈"笑得最响亮。

我就悄悄跟他说："烁儿，这样不好，你乖一点哦！"

他就管住自己一小会儿。

我又跟同学们说："孩子们，别看他做鬼脸！他这样做的目的，就是为了吸引你们的注意力，他一做鬼脸你们就大笑，不是帮他学会自律，而是助长他随心所欲。不要让他的浮夸有市场。"

孩子们不笑了，烁儿也就慢慢静了下来。

烁儿虽然皮，但不失少年趣味。比如，他跟我说："老师啊，这个问题嘛，十窍我通了九窍——一窍不通啊！"

这个歇后语用得不错，我就问他，"窍"字怎么写呢？

他在黑板上写下"窍"字。那一刻，他不但一点都不皮，反而是极其认真的。

烁儿的语言表达能力很强。比如，梓妍给某同学画了一幅像，烁儿看了看，说："长得那么丑，画得那么帅！"

这句子，朗朗上口，节奏感很强吧？

我常常跟烁儿说："你很有才华，要努力哦！"

烁儿就很认真地点头："嗯！"

我不知道我跟烁儿还要"一体化"多久，但我知道，我喜欢顽皮好动的烁儿。我给他的爱，和给其他学生的爱一样充沛而丰厚。这正是我的福气。

烁儿爸爸曾经来信说：

> 谢谢您，杨老师，烁儿回来天天提您，讲您的故事，可见孩子多么爱您。这孩子幼稚，悟性低，领悟东西老是比别人慢半拍，您的一次鼓励，他会开心好几天。

我回复：

> 他很聪明，也很温暖。我喜欢他。

今天是榕麟为我画的第15幅画像，也是梓妍首次加入我们的团队。以前是"二人转"，现在是"三人行"了——值得纪念，我再写点花絮吧。

1. 榕麟每一天都是用右图这个白色配花的小布袋，装画纸、画笔和颜料来给我画像。

2. 两个画者都是有粉丝的。她们为我画像的时候，有人围观。围观者都很专注，还叫好儿呢：

"哇，你把老师画得年轻了30岁！"

"老师穿啥你画啥，老师说啥你写啥，你的手就是老师的移动摄影机。"

"你们真有绘画才能，太棒了！我好羡慕啊！"

两个画者，一边坦然享受小伙伴的赞誉，一边神色平静地运指如飞。沉迷创作，也算是教室里一道亮丽的风景线了吧！

3. 明后两天期中考试，或许榕麟她们需要停画几天。

我同事说："她以前画的都是讲台上的你，或许期中考试这几天，她看见你在校园里行走，画出校园里的你呢！"

哈哈哈，如此看来，到底画不画，还是未知数。

4. 我同步把这篇图文发微信朋友圈，收到以下来信：

亲爱的杨老师，您好！我是一名年轻的语文教师兼班主任，来自×××小学，我叫××。自暑假结识您以后，星标了您的微信。我时常翻阅您的圈儿，您最近有关画像的记录，已经写了十几天，但今天的这篇最触动我。就在我最迷茫的时候，看到了这一篇，我有所开悟了。看到您笔下的烁儿，我的脑海里瞬间蹦出了几个人影。然而最近，我对他们的爱好像快消失了。因为其他任课老师总向我告状，说他们捣乱，于是我没了定力。还好，今天看到了您的圈儿，我决定找回那个原先对孩子们一直有爱的自己。感谢有您一路指引。也许您已经不记得我，也许您忙得没有空看这条啰唆的来信，但我相信，您一定会为您的坚持和我的回归而开心，您拯救了我和72个孩子。再次感谢您，我亲爱的杨老师。谢谢亲爱的杨妈妈，夜色茫茫，祝您晚安，祝您好梦。

如此，甚幸！感谢年轻的同行。

5.上午见到榕麟的美术老师刘老师。她准备把榕麟给我的画像当作范本，在她教的所有班级进行点评。她让我这个语文老师给每个页面写评语。于是，我班门弄斧写了下面的句子：

日常生活，就是素材；聚沙成塔，集腋成裘。
照片也是绘画的资源，心中有爱，一切皆美。

6.我在新浪微博和微信朋友圈同时发布标题征集帖：

敬告各位大咖：
转眼之间，我的12岁学生榕麟已为我画了15幅画像，梓妍也已

WOSHI
LAOSHI
YESHI
YONGYUAN
DE HAIZI 1
我是老师
也是永远的孩子一

经开始给我画喵照。为了鼓励她们坚持下去，不断挖掘自身潜力，我和家人决定做个画像系列，恭请大家给这个系列赐个有意义的主题。一经采用，即付薄酬。拜托拜托！

当天，我收到如下回复：

《老杨有画说》《变"型"女金刚》《相伴时光美如画，我做你的画中人》《画说老杨》《恩师德行堪广颂，榕麟得益壮材成；一点一滴皆入画，相处有日益无穷》《声色老杨》《为你，千千万万幅》《日见（渐）飞杨（扬）》《榕耀杨（扬）威》《今日我师》《画 young 学样》《百变老杨》《榕麟画"师"》《执着徒儿画萌师》《小画师大话老杨》《天天画师》《老师给我当模特》《师生情画》《我的少年手绘师》《吾师吾话，如诗如画》《杨（洋）相百出》《杨女侠的江湖》《上联：一笔一画一故事，下联：一日一妆一芳华，横批：温度人生》

朋友们费心了！感动，感激，感恩！
最终，我和家人商量，据此理出了一个对偶句：

豆蔻学生画中话，半百老师成萌娃 。

我想，不管是否采用这些朋友的建议，我一定要给每人送上一本我们师生三人的签名本。

16.

一张答题卡，
藏着一段美好回忆

▶ 2018 年 11 月 15 日　星期四

右图是榕麟为我画的第 16 幅画像。

今天期中考试。我以为榕麟不会给我画像了。年级里有三十多个考场，我是监考老师，她是考生，我们碰面的概率太小了。

可是，这世上，从来不缺巧合。当我拿着卷子和答题卡走进考场，我一眼就看到榕麟坐在里面！她静静地坐着，嘴角微微上扬，和平常一样安静美丽。

这是孩子们进入初中以来的第一次大型考试，还不怎么会用答题卡。我担心孩子们不小心写错答题卡，重新更换答题卡很麻烦的，极有可能题都写不完。

于是，我在叮嘱孩子们认真答题的同时，告诉他们："答题卡是不可以换的。"这句话很管用。整个考场无一人用错答题卡。

曾经有一年，我监考，有个外班学生在快结束的时候发现答题卡写错了，我匆匆给他更换，他没写完就到了收卷时间。他急得像热锅上的蚂蚁。我心一软，违纪给他延长了几分钟。他飞速地写完了。后来，有一次我逛街，他在马路对面看见我，跑过来跟我问好。他上高中时，教师节回母校探望他的老师，也会顺便探望我。他上大学时，跟我的美女学生谈恋爱，俩人还一起回来看过我。他俩分手，他也跟我倾诉苦恼。一路走来，我们变成了好师生、好朋友。一张答题卡，藏着一段美好回忆。但随意给考生延长时间也是错误的，这破坏了考试的公平性。更何况如果是正规考试，我根本就不可能随意延时。所以，现在每次监考，我都嘱咐考生：答题卡要正确使用，不退不换。

考试结束的时候，榕麟告诉我，她中午回家要画监考的杨老师。这时梓妍也从别的考场找到这里。茫茫人海，她一眼就看见了我们。我们仨约定：下午考完试后，她们把画像给我，不见不散。

下午，我看见她俩在我交卷的地方等我，人潮汹涌，她俩岿然不动。心有追求，全世界都会为她们让路。我奔向她们的时候，感觉自己身轻如燕。

在榕麟笔下，我笔直地站在讲台上监考，心情还是蛮愉悦的。她又抓住了我的特点：和孩子在一起，面对日夜更替、逝者如斯的生活，我永远笑逐颜开。

榕麟是多么可爱呢！她听说我女婿今天过生日，就写下了这样的句子："祝吴先生生日快乐 happy birthday"，她一不小心写错一个字母 y，灵机一动，就地取材，在失误处画出一个小小的"心"来。这是画者的智慧。

右图是梓妍为我画的第 2 幅画像。和榕麟一样，她也祝我家吴先生生日快乐。今天她的笔名变成了"佐卡"。她告诉我，她的笔名本来就是"佐卡"，昨天错写成"佐伊"，为了画面整洁，她不方便修改。她说，小时候看了一个动画片，里面有一个人叫佐伊，觉得这个名字很好听，就改一字，变成"佐卡"，她就有了自己的笔名。她的签名很有艺术性，在"佐卡"的后面，紧跟着一个小喵头。

在她笔下，我依然是一只有着硕大漂亮尾巴的喵老师。不过今天的猫与昨天的猫不同。今天的猫是一张人脸，戴着眼镜，温婉美丽，面含微笑，慈眉善目，气质高贵而优雅。我多想成为这样的人啊！孩子是我们的老师，在不知不觉间教我们一些人生的经验和做人的道理。

谢谢！

17.

相遇，
是彼此都感到幸运的事

▶ 2018 年 11 月 18 日　星期日

当杨老师发现了新衣服

　　榕麟为我画的第 17 幅画像，是一幅想象画。

　　画的就是我在网购衣服。她在画像上面批注：当杨老师发现了新衣服。紧随其后，是一个大大的惊叹号！

　　榕麟的想象力真是够丰富。我的确经常是这样，坐在电脑前，一坐好久，精挑细选，一旦见到心仪的衣服，就像她笔下的我，又惊又喜，睁圆了双眼，下单，付款，坐等收货。

　　榕麟想象这样的我，是有依据的。虽然我不曾有这样红蓝撞色拼接的衣服，但我着装偏爱红、蓝、黑、白四色，榕麟是记得的。她对我服装的观察与了解，胜于她对自己的认识。在她笔下，每一件衣服，每一种色彩，每一幅构图，我都是萌萌的。不老，喜悦，是榕麟给我的定位。她画的是我，更是她的心愿。

　　她在期中考试作文中这样写：

遇见你，真好

　　我发现，我的语文老师不把我们当学生，她把我们当成知心好友。

　　有一次，我生病了，从早上起来就觉得头晕得厉害。她看出来我很虚弱了，便走过来问我怎么样。

得知我头晕后，她脸上充满了担心，对我说："你可能是感冒了，上课的时候就不用坐直了，还有，多喝点水应该会好一点儿。"

听了这句话，我的心里感受到一阵暖流。天哪！我从来没有遇到过这样的老师，她是那么关心学生！要知道，我上小学时，老师可都是不管你生没生病都要求你坐直认真听讲。或者"上课不许喝水，要喝出去喝！"我发现，这样上课，比以前生病时上课效果要好得多，因为这样上课充满了爱呀！

我的语文老师就像天使一般在我的心中自由飞翔，遇见你，真好！

多么激动！在这之前，我只听说过，大人叫孩子"天使"，没有听说过孩子叫大人"天使"。榕麟对我的热爱，感染了很多人。他们像她一样，叫我"天使"。奇怪得很，恍恍惚惚之间，我真的觉得自己有了天使的翅膀、天使的心。

在梓妍的笔下，我照例是一只猫。我有着一双圆溜溜、亮晶晶、萌兮兮的眼睛。我穿着蓝色的蓬蓬裙，调皮地看着某个地方，好像在和这个温暖有爱的世界嬉戏，也好像在自己和自己玩。

这两个孩子如此深厚地爱着我，把我美化成这样，我真是分外幸福啊！

爆个料吧，她俩的入班考试成绩，都不好。可是，这次期中考试，榕麟进步了 40 名，梓妍进步了 28 名。她们进步幅度这样大，使我愈发相信：我不是来教育孩子的，是来爱孩子、贴近孩子，和她们一起上课、一起走路、一起聊天的。

我最常跟她们说的话就是："呐，我又穿新

衣服咯！看清楚啦！"

她们就笑嘻嘻地把我从头到脚打量一遍，记在心里，绘出画像。

我是语文老师，可是我并没有高高在上，空口说教关于语文的知识与技能，我反而是在跟她们谈我并不专业的服装与配饰、构图与色彩，她们却能获得进步。这是因为，我们的交流，是孩子需要的。打通了心灵，也就开启了智慧。知识是相互融通的，她们专注于画画，沉醉其中，自然也不排斥学习学科知识，提升自我。这是良性循环式成长。她们的画，尚且稚嫩，可是，我似乎能透过这稚嫩的画作，看到属于我们的未来。这激发我一路追寻，乐此不疲。

榕麟妈妈来信说：

> 杨老师，我代表全家人衷心地谢谢您对孩子不遗余力的关爱！我们永远敬重您！

梓妍妈妈来信说：

> 我是一个脾气很急的人，和梓妍脾气完全不同，老是觉得她干啥都慢半拍，老是吵她。但是看到杨老师的朋友圈，我感动哭了。我是一个不爱哭的人，不知道怎么了，觉得杨老师和蔼可亲，我都想成为梓妍，做您的学生，在您身边上课。呵呵，看我，流着眼泪还笑了，还嫉妒起自己的女儿来了。我是一个写作水平很差的人，从来没有给女儿当过好榜样，从来都是不满意就吵，但是我从杨老师这里学到了很多东西。以后我一定要改善教育孩子的方式。梓妍一直跟我说："我可喜欢我们杨老师了！"我就想，杨老师多好啊，用得着你天天说！我今天算是知道孩子为什么这么喜欢您，连我都像孩子一样喜欢您了。作为家长，我非常感谢您对孩子的关心、支持和耐心，我看到她现在

WOSHI
LAOSHI
YESHI
YONGYUAN
DE HAIZI 1

我是老师
也是永远的孩子一

自信满满的样子，很是喜欢，现在她学习比以前要努力很多，自觉性很强：以前都需要我看着她写作业，现在是她自觉地写；以前都是写着作业就走神儿，现在能一口气写完了。反正除了感谢您，也不知道说什么了，剩下的都是崇拜。哎哟，我从来都不会写东西，今天怎么了，不知不觉写了这么多啊！

相遇，是彼此都感到幸运的事！

18.
孩子把我画成了天使

这是榕麟为我画的第 18 幅画像。11 月 20 日，世界儿童日，在榕麟的笔下，我是天使。

榕麟画的我，有着明黄色的翼翅，粉蓝与白色相间的羽毛，纤细修长的手指，捧着一束盛开的玫瑰花，眉宇良善，目光明亮，面含微笑，脸上有淡淡的胭脂粉。紫红的头发在这小清新的画面上格外显眼。辨识度极高的左嘴角的痣呢？哦，被一朵玫瑰花恰到好处地遮住了。

我知道她为什么把我画成天使。

是因为烁儿。

昨天，烁儿比以往更调皮，即使是在我身边，也完全坐不住，干扰得周围同学不胜其烦。万般无奈，我轻轻挽起他的胳膊，把他牵到讲台上来，和我并肩站在一起。为了保护他，使他不至于尴尬，我让他背对同学们。我挽住他的手臂讲课。其实，我是暗中拿小臂钳制他的小臂，防止他四处干扰他人，也保证他学点知识。我怕他男孩子力气大，就用了些力气钳制他。我们俩肩并肩却又脸相背，样子有点滑稽。即便如此，我依然不讨厌他，这一点他是知道的，同学们也是知道的。

他安静了下来。我讲课的时候，他还能应接。

比如，我说："写作啊，要一以贯之，不能一会儿写张三，一会儿写李四……"

WOSHI
LAOSHI
YESHI
YONGYUAN
DE HAIZI 1

我是老师
也是永远的孩子 1

他就大声说："那是张冠李戴！"

大家笑，我也笑。我动动钳制着他的小臂，跟他示意："说得好！"

下课的时候，烁儿追着我说："老师，我终于明白您的苦处了，我和您一起站在台上，好惊慌啊！您天天站在讲台上，那么多人看着您，可不得天天惊慌！"

我一下子笑趴了，又忍不住心软了。原来烁儿顽皮的表象背后，有着不为人知的惊慌啊！

昨天，烁儿还念了他写的作文。

遇见你，真好

我是在刚上初中时遇见你的，你的语气和态度使我深深地爱上了你。是你给了我对语文学习的渴望，是你使我对学习语文快熄灭的希望之火又重新燃烧了起来。

你是一个正直幽默的语文老师，你那无私的精神深深感动了我。

你从不把学生当外人，总是很亲切地对待我们。你的笑声仿佛是世界上最动听的声音。你笑的时候，总是搂着学生的肩膀，好像我们都是你的亲人。

你还幽默地说，你虽然50岁了，但为了更好地了解我们，你自动成为12岁的美少女，以后谁敢说你老，你就不客气了！大家听完都笑了。你还摆出一个美少女的手势，大家笑得更欢了，教室顿时成为了一片欢乐的海洋。

你有一双明亮而又美丽的眼睛，仿佛能看清我们在想什么。上课时，有一个同学假装在看书，心里却在想别的，你一瞄就懂，你微微一笑，让他站起来回答问题，他要是答不出来，你就让他站几分钟再坐下，给他一个深刻却很小的"奖励"。

你是一位老师，却又不像一位老师，仿佛是我们的母亲。你比别的老师好上几百倍，从不打骂学生，总是用一种叫"爱"的魔法来感化我们。

在遇见你之前，我的人生是一片暗凉，但遇见你之后，你就像一个温暖的太阳，闯入了我的内心世界，把我的烦恼通通赶走，点亮了我对人生的希望。

记得有一次大家说你教育有方，从不打骂学生，你幽默地说："不是我不打，是我根本打不动啊！"大家笑了，教室又成为了欢乐的世界。

在我12岁这一年，遇见了你，你给了我未曾有过的教导和关爱。

遇见你，真好！

我是多么感动！这个调皮的孩子啊，他是有着一双慧眼的。他看到了连我自己都不曾知道的美好。

我诚恳地跟他说："烁儿，谢谢你！"

"嘿嘿嘿，"他开心地笑，"不用谢，老师，我这样想，就这样写咯！"

今天，烁儿又在我身边上课。他没有像昨天那样上台，只是坐在台下。

我请他背诵美文。

他背诸葛亮的《诫子书》。这篇文章我们还没有学到。

他背一句就卡壳了，吭吭哧哧半天，再也背不出下文。我只好让他坐下。

和往日不同，他一整堂课都没有捣乱。

下课了，他一下子冲上来："老师，老师，我背《诫子书》给你听！我想挑战自己！"

他结结巴巴地背出来了！

我问他："是上课背的吗？"

他说："不是啊！昨天晚上写完作业，翻到这一课，觉得好玩儿，就读了起来，差不多会背。你提问我的时候，我有点紧张，一时想不起来。"

我百感交集。他会背《诫子书》，仅仅是因为"好玩儿"！如果我们的教学不能吸引孩子的注意力，那大概是不够好玩儿吧！好玩儿的知识，即便是距今

我是老师
也是永远的孩子 1
WOSHI
LAOSHI
YESHI
YONGYUAN
DE HAIZI 1

一千多年的文言文，他也会主动去学。顽皮孩子往往得到的肯定少，但他有抵触大人的犄角，也有不堪一击的软肋啊！如果，我们能够不那么慌张，不那么仓促，不那么潦草，听一听孩子的心声，也许就能帮助他变得强大。

虽然只有86字，烁儿也背得错误频出，但是，我足够开心了！我感觉，烁儿是个英雄了！这是我教他整整80天以来，他第一次主动学习。

他挑战自己成功，我为他鼓掌！

接着，我说："烁儿，我托你办件事好不好？你下一节下课，把我这本书送到七年级九班旁边的办公室，给张老师。"

"好啊，好啊！"烁儿欢呼雀跃。

他一定是感受到了我对他的信任，立即就蹿出好远，奔向七年级九班的方向。

我叫住他："烁儿，下一节下课，不是这一节。"

他说："我知道的，我从来没有去过七年级九班，我去侦察一下，免得下一节课后找不着！"

我们的教室，与他要去的办公室，不在一个楼层，且分居东西两端，素无交集，烁儿不放心，要先去探探路。

这也不是以前的烁儿啊！以前的烁儿，上课下课都是上蹿下跳，一下课就跑得踪影全无。

他找到了七年级九班旁边的办公室，欢欢喜喜地跑回来告诉我："老师，我找到那个办公室咯！"

又一节下课，烁儿帮我去送那本书。出发前，我看见他从抽屉里拿出一张纸条："下课找语文老师把书交给七年级九班旁边的办公式（室）。"

字不美，竖写格式是反的，也没有标点符号，还有一个错别字，但是，我的眼睛，瞬间潮湿。"为人谋而不忠乎？与朋友交而不信乎？"顽皮的烁儿，当他接受我托付的那一刻，便全力以赴，尽心竭力了啊！一件小事，足见孩子的成长。还有比这更让老师快乐的事吗？

烁儿办完了我托付的事，凯旋而归。他飞奔而来的那一刻，我感觉，他和榕麟笔下的我一样，也是长了翅膀的天使！

榕麟把我画成天使，大概是因为，她看见我厚爱每一个学生而生出了别样的情愫吧！

在梓妍笔下，我依然是一只猫。两只小耳朵，色彩鲜明，一只粉红，一只水绿，可是，这只猫咪，长着人的清秀眉目和微笑脸庞，猫的嘴巴左下角是一颗痣。这只猫长着人的身子，穿着白色轻薄羽绒服，大红高领套头毛衣，手里拿着一本书——刘晓寒的《奶奶家》。好吧，在梓妍笔下，我越来越有"人"样。

这是我。我今天的着装就是这样的。我买了120本《奶奶家》送给一班、二班两个班的学生。刘晓寒是一个有才华的高中生，我买她的书送给孩子们，是想让孩子们明白：把写作变成习惯，中学生也能出书。

下午上课前，二班班主任台老师给我发来图片和视频说："今天进班吓我一跳，咋这么安静？平时都得吼叫几嗓子，今天让我大吃一惊，仔细一看，都在看书。"

那一刻，我多么幸福！我们总是抱怨孩子爱吵闹，但送给他们书，他们就自然安静而热火朝天地增长智慧了。

梓妍抓住了今日事件，为我画了一幅猫耳人面像。这也是她为我画的第4幅画像。

真是巧合，当她画我送别人的书给学生，我的2002届学生刚仔也在向别人送我的书——《好老师教你做好父母》。刚仔是一个办事处党政办主任、团工委书记。今天下午，他们组织了一场文艺汇演，丰富辖区居民的精神生活。演出之前，他安排了赠送我的书的活动。

没有人是一座孤岛，我和我的学生，都在送书，薪火承传，何其有幸！

谢谢！

19.

那一刻，
我的心柔软得像一片湖水

▶ 2018 年 11 月 21 日　星期三

　　这是榕麟为我画的第 19 幅画像，是我们课堂上的情景。

　　这一段时间，孩子们读书不够专注，开口即错，还满不在乎。于是，我实施了准确读文法：抽签读课文，即不接受举手请读，只认抽签。班级人多，当有人积极举手读书的时候，总有人钻空子，以为反正老师不提问自己，就浑水摸鱼，得过且过，一节课稀里糊涂就过去了。而抽签，必须人人有准备，严阵以待，随时准备登场朗读。

　　读课文有"七不"要求：不添字，不漏字，不错字，不改字，不回读，不随意停顿，不随意拖延。

　　有奖惩规则：10 行加 1 分，当天读得最好的再加 1 分并且免当日作业。6分可以抵一次错误。读不到 10 行的，把自己应该读好的 10 行抄写下来——没有惩罚的教育是不完整的教育。10 行也就三百字左右，不算重罚，只能算警醒。为了更好地体现奖优罚劣，如果自我感觉读得很好，课堂上又没有被抽到，下课找我读也算数，奖惩规则与课堂上一致。

　　孩子们重视起来了！朗读者认真仔细，倾听者安静如水，教室里掉下一根针都能听得见。

但同时，我还得要给烁儿独特的关爱。他太好动了，会打破这种和谐的气氛。我把他叫到台上来，我俩手挽手、肩并肩、脸相背，我面向学生，他面向黑板。当他不再躁动，我就奖励他坐回去。

该阿泰读了。这个眼睛细长而炯炯有神的小个子男生，从外形上看，似乎比同学们小一些，可他读得多么投入啊！他的音质音色音调尚且带着稚气的童音，但他的情感却又足够饱满。他读着，我们听着，大家都沉醉在一种真正意义上的学习状态中。

忽然，他咽了一下口水，然后，他回读了一个字！

"唉……"大家情不自禁一起叹息，替阿泰感到遗憾。

阿泰惊呆了："我回读了吗？我怎么自己没有感觉到？"

瞬间，他的眼泪盈满眼眶！

他多么想读好啊！

之前，阿泰是一个数学学霸，但并不喜欢语文。他最常说的话是"老师，我语文成绩不好"。我给他的回复永远是"在进步了！相信自己！"

现在，他已经爱上语文了。可是，爱的路上，总有些波折。这不，他梗在这儿了！他的眼泪哗啦啦流下来，竟至于抽噎了。这个积极上进的小男生，他是多么不甘心啊！我的心，柔软得像一片湖水。

我笑着说："读书也不简单吧？哈哈！我愿意理解阿泰。他受到大家的鼓舞，读得越来越好，他多么想精益求精！可现实就是这样不可思议！是的，每一样新事物的产生、适应与推广，都需要过程。孩子们，在阿泰的故事中，我懂得你们更多一些了。这样吧，我们稍微改动一下规则，你们看行不行？没有读够10行的，先不罚抄。我再给大家一周的时间，大家揣摩揣摩，适应适应，下周四我们正式启动惩罚制度。"

"呼——"，大家长舒了一口气。孩子是多么渴望得到谅解啊！在所有的教育策略里，我最常用的，是宽容和信任。但这并不是姑息迁就，而是给孩子更

我是老师
也是永远的孩子 一

WOSHI
LAOSHI
YESHI
YONGYUAN
DE HAIZI 1

多学习的愿望与信心。

同时，我也得提醒他们："你们可不要想着还有一个星期的准备时间，而不去投入地思考与练习哈！否则到那时你还是读不好，可没有回旋的余地哦！"

孩子们点头："明白！"

阿泰的情绪渐渐平稳。课程有序而温暖地推进。

然后，我教学生朗读，注意朗读的重音与停连，注意情感的把握。

我采取"六步法"：自主练读、个体或小组展读、学生点评、老师点评、老师范读和师生共读。

需要特别说明的是，我把范读放在后边，是不想用模板限制孩子，"有一千个读者，就有一千个哈姆雷特"，每个人都一定要有独立自主的阅读体验。我的范读不过是个例子，他们可以借鉴，也可以批评，但不必照搬。

和榕麟不同，梓妍画的是课堂之外的我。这是她的第5幅画像。我依然是只猫，但我有着人的茂密的紫褐色头发。梓妍说，头上不能太空旷，所以要竖起两只耳朵，一只紫褐，一只浅橘。仿佛一个斗士，我的额头上，扎着一条红色发带，上书"努力"二字，双目炯炯，端坐在办公桌旁，拿着手机专心致志地写作。哦，这是"当杨老师正在为她的画像写作的时候"。孩子的观察很仔细，我写作的时候就是这样用力。他们为我画像，我就一定要用手机写一些文字来呼应，以示尊重与配合。这样，我们双方都有动力。希望我们都持之以恒，享受创作的乐趣。

我感觉到自己的心，宽如大海，春暖花开。

如此，甚幸。

凌晨2：18，道一声，晚安！

20.
表扬也有"三三制"

这是榕麟为我画的第 20 幅画像。

我穿着红色半高领套头羊毛衫、蓝白细格的毛呢上衣，衣领、袖口、下摆都是纯白色，黑色羊毛裤。这一身搭配，我是费了心机的。红、白、蓝、黑，错落有致，上衣是小细格。无论是色彩，还是图案，都是需要两个孩子下一番功夫的。我永远有一个原则：不能让两个孩子轻而易举就把画像画好。任何平淡无味的创作最终都会变得平庸。

榕麟依然画了故事情节。

我站在讲台上，兴奋不已，眼睛笑弯成一条弧线，我挥着手说："愿儿这一次是真的努力了，要继续加油！"

愿儿全名茹心愿，是个顶顶聪明又顶顶懒散的男生。他的聪明常常因为偷懒而不能发挥出来。我借他的名字提醒他："希望你的成长，茹（如）心所愿！"

他笑，依然故我，并不进步。我的愿望也总是落空，不能实现。

国庆节，我布置了一篇作文《我的国庆故事》，愿儿是这样写的：

我的国庆故事

终于盼来了国庆小长假。本来应该充满欢乐的，可是，我一点儿也不开心。

WOSHI
LAOSHI
YESHI
YONGYUAN
DE HAIZI 1
我是老师
也是永远的孩子一

放假伊始，我就想："总算可以好好地玩了！"

可是，妈妈却面无表情地说："不可能！这个假期你什么也别想干，你给我在家好好学习！听见了没？"

"唉！真倒霉，假期还让学习，真没意思！"我心里想。

那天下午，我下楼去买饭，看见了小学同学。他问我这个国庆要去哪里玩，我羞得连话都不想说。他说他要和家人去青海湖玩，但是，他并没有感受到我的不高兴，自顾自地说了下去。

我忍不住了，伤心地跑回家对妈妈说："为什么，为什么别人都能出去玩这玩那，而我却只能在家学这个破习？"

妈妈说的话，让我更加气愤。她说："就凭人家学习好，成绩好，你呢？"

我说："为什么你光要我跟别人比？你干脆让他当你儿子好了，你还要我干什么？"

"你以为我不想啊！"她说。

好吧，她已经撕破脸皮，那我也不用客气。我喊道："我又不是学习机器，你光让我学习，不能让我做点别的事情吗？"

"你就是学习机器，你这个年龄就应该学习，其他什么事都不能干！"她冷冷地说。

我气得连话都说不出来了。

我一整个假期都在想，为什么别人的妈妈都那么开明，而我的妈妈只会"望子成龙"呢？我觉得，这一切的一切都跟我成绩不好有关，唉！别人出去玩就出去玩吧！我在家就在家吧！反正都是歇假，不一样就不一样吧！忍着吧！说不定在这个假期过去以后，我还真能把学习提上去呢！到时候，我把得到的好成绩甩到妈妈脸上，她肯定该向我道歉了。加油吧，茹心愿！

我读了这篇作文，忍俊不禁。愿儿写出了心声，也透露出他贪玩的本样儿。

我给他作文批语：

> 很生动，很真实，很有意思。可是，孩子，学习可不仅仅是为了把好成绩甩到妈妈脸上去啊！

愿儿依然没有进步，其人与其名相背而行，不能如人所愿。他的家人给他取这个名字，一定是希望他的成长和生活都如心所愿吧！或许，走到现在，他们也有着无法言说的无奈吧！

可是，这一周，连着几天，愿儿变了，变得爱学习了，进步特别明显。

我问："为什么呢？"

他羞赧一笑："期中考试成绩太差了……"

哦，要求孩子学习进步未必有用，他自己悟出来才真正有动力。

我在班上表扬了他。

我说的是："愿儿最近是真的努力了……"

但是，榕麟画中话的后半句"要继续加油"我并没有说。榕麟可能没注意到这一点。她根据大人的常态表达，给我也加了这半句话。我一般不说"继续加油"一类的话——我不急于立即给孩子提更高的要求。我更愿意关注当下，享受眼前的教育幸福。

贵人言慢，高人语迟，沉默是金。有些话，少说半句，就是智慧，就是情怀，就高出一个境界。总之，我尽量少说或者不说"加油"一类的字眼。想当年，女儿高考的时候，我多希望她越考越好，可整个过程，从头到尾，我都没说一次"加油"，我只是常态性地跟她说："哦，回来了！""再见，亲爱的！"她考试全程无压力，成绩不错。后来，她考研、找工作，我都没有说过"加油"，她却一次比一次发挥得好。我把家庭教育迁移到学校教育中，也不说"加油"。所

WOSHI
LAOSHI
YESHI
YONGYUAN
DE HAIZI 1
我是老师
也是永远的孩子一

有的成长，所有的考试，都是过平常日子。平常日子认真过，眼前不苟且，自有诗和远方。

我们一定要善于捕捉孩子的成长。每个进步的孩子都值得表扬。当然，表扬是要讲原则的。表扬有"三忌"：忌浮夸，忌敷衍，忌空洞；表扬也有"三要"：要言之有物，要指向具体，要实在诚恳。这"三忌""三要"，我称之为"三三制"。

我表扬愿儿的时候，用的是对比法。我提到了他的国庆作文。这句话被梓妍画进她为我画的第6幅画像了。梓妍让我以猫的形象站在了讲台上。哈哈，我是一个"猫人儿"：猫头、猫爪，人脸、人身。我的标志性紫红色头发和嘴角的痣都在。我的穿着，两位画者涂色略有不同，榕麟紫蓝，梓妍浅蓝。真正的色彩介于两者之间。梓妍还画了带盖儿的白色上衣口袋，这一点比榕麟画得更细腻些。我的衣服上确实有口袋及口袋盖儿。

两幅画像，内容都一样：除了我，还有5位同学出镜。那5位同学，都只是露出小脑袋。我们看不见他们的面容。可是，我们可以根据整个画面的气氛来推测，每一个小脑袋，似乎都是一个笑脸。这样画人物，也很好玩。

她俩的画像，日趋一致。我不支持，不勉强，不提示，让她们以自己喜欢的方式去表达吧！我要做的，是陪伴，是记录，是当好模特。

谢谢孩子们。辛苦了！

第四辑

总有一种爱意，

挡不住心

WOSHI
LAOSHI
YESHI
YONGYUAN
DE HAIZI 1

我是老师
也是永远的孩子 1

21.

总有一种力量
让我热泪盈眶

▶ 2018 年 11 月 23 日　星期五

这是榕麟为我画的第 21 幅画像。

我穿着红蓝相间的超短毛呢西装，衣服有阔大的袖管，配百褶长裙，自我感觉也是蛮知性的。

我在讲诸葛亮的《诫子书》。

公元 234 年，54 岁的诸葛亮，深知自己将不久于人世，而儿子诸葛瞻才 8 岁，尚在幼年。他是多么放心不下！

他曾给哥哥诸葛瑾写信说：

> 瞻今已八岁，聪慧可爱，嫌其早成，恐不为重器耳。

那么，面对这样一场生离死别，他自是殷切期待与拳拳父爱交织，心潮难平。8 岁的儿子又读不懂太多文字，于是，他倾注全部心力写出了 86 字《诫子书》来劝勉儿子：

> 夫君子之行，静以修身，俭以养德。非淡泊无以明志，非宁静无以致远。夫学须静也，才须学也，非学无以广才，非志无以成学。淫

慢则不能励精，险躁则不能治性。年与时驰，意与日去，遂成枯落，
多不接世，悲守穷庐，将复何及！

这 86 字，运用正反对比法，从修身、养德、明志、治学、惜时等方面，字字叮咛，句句告诫，情真意切，感人肺腑。想到自己不能再教育儿子，陪伴儿子，成就儿子，诸葛亮真是肝肠寸断啊！若儿子不懂父心，蹉跎岁月，真真是令他夙夜忧叹，所以，他在末句推出铿锵有力的四个字：将复何及！

父母对孩子，总有深切期待。诸葛亮明白，自己很快就再也不能这样跟儿子推心置腹，谆谆教诲，他便倾力告诫：将复何及！意思是，孩子啊，如果不努力，到那时又怎么来得及！

他就要永别，怎么能不牵挂儿子的成长，家族的繁荣？一封家书，仅仅 86 字，却饱含爱意与深情，言简意丰，值得细细品味。

总有一种力量让我热泪盈眶。我把这四个字加重音拖长音读出来，斩钉截铁地收尾。那一刻，我热泪盈眶。这一切，被榕麟看在眼里，她画出了我眼里的泪光，眉间的轻愁，以及脸上的正义与庄重。

诸葛亮已于 234 年离世，可他的这 86 字，替他活到了今天，已经活了 1784 年，并且还将继续替他活下去，亘古不灭。这就是文字的力量，足以穿透时空。他告诫劝勉的是儿子诸葛瞻，但又何尝不是近两千年之后的我们！

诸葛亮的这封临终遗言，对儿子诸葛瞻起到多大作用呢？

近 30 年后，公元 263 年，魏国大将邓艾攻打绵阳，诸葛瞻率军防御，邓艾以高官劝降，诸葛瞻拒不接受，最终和他 16 岁的儿子诸葛尚一同战死疆场。

志怪小说的鼻祖干宝评论说：瞻虽智不足以扶危，勇不足以拒敌，而能外不负国，内不改父之志，忠孝存焉。

晋朝开国皇帝司马炎则说：诸葛亮在蜀，尽其心力，其子瞻临难而死义，天下之善一也！

我是老师
也是永远的孩子 1

WOSHI
LAOSHI
YESHI
YONGYUAN
DE HAIZI 1

《三国演义》的作者罗贯中说：苍天有意绝炎刘，汉室江山至此休。诸葛子孙皆效死，成都卿相尽添愁。智谋虽不扶危主，忠义真堪继武侯。古往今来多少泪，行人哀怨哭坟丘。

清初杰出诗人王士祯说：何如绵竹战，父子死堂堂！

诸葛亮家风家教，深入后辈心灵。我以为，诸葛一门忠烈，《诫子书》功不可没。我的这份心思，榕麟表达出来了！

那么，梓妍给我画的第 7 幅猫像又有什么特点呢？

我有人的头发，人的眉目与脸庞，猫的耳朵，这耳朵有点像宽檐的草帽。

我站在讲台上说："烁儿，过来坐这儿。"

很显然，烁儿又添乱了。

她的这幅画像，比榕麟的直白，少了一点含蓄的意蕴。这种画法，也与之前的内容重复，落入窠臼。今天就不详写了。我跟梓妍提出来了，不知她明天是否有改进。祝福孩子！

22.

"瞎"字头上的引号
很温馨

今天，我穿浅蓝、粉红、午夜黑交错条纹毛呢外套，藏蓝裙子。这套衣服是我初冬里的最爱。

图一是榕麟为我画的第 22 幅画像。

上课的时候，我请坐在第一排的戴阿辉同学读课文。

他开口就读错。

孩子们起哄："瞎读！"

我"哈哈哈"大笑，顺着孩子们的口气说："我的'瞎'儿子啊！"

哈哈哈，孩子们，包括戴阿辉本人都笑起来。

我不是要骂戴阿辉，我是想逗他玩，使得他犯了错也不至于窘迫。榕麟是懂我的。她把"瞎"字加了引号。好温馨的引号，谢谢榕麟。

学生犯错，我不严厉批评，而是喜欢说："哎呀，我的儿，你错了！"或者："哎呀，我的儿，你又错了！"

起初，孩子们不解，问我："老师，您为什么称呼我们为'儿'？"

我故作叹息："不好好读书吧！《红楼梦》里，长者对晚辈的爱称都是'我的儿'，我这是把你们当亲人了啊。"

WOSHI
LAOSHI
YESHI
YONGYUAN
DE HAIZI 1
我是老师
也是永远的孩子一

犯错是孩子们的权利。"忧谗畏讥，满目萧然"，孩子犯错的时候，怕被指责。那么，或温暖或幽默地指出来，孩子是愿意接受的。

事实上，称学生"我的儿"是我无意间说出来的。第一次这样称呼学生，是在9年前。那时，接了一个比较弱的班，我一心想要唤醒孩子，让他们看到希望，决定换一种方式：不在他们犯错的时候批评训斥。

哈哈，谁知一张口叫出了"我的儿"三个字。

孩子们好惊喜啊！犯了错，还会被厚待，真幸福！

时间一长，孩子们有样学样，也跟着我这样称呼同学。比如，有一个学霸，别人问他题，他说："我的儿，我来讲给你听！"

我听见了，赶紧纠正："唉，我能这样称呼，你不能，因为我的年龄和辈分在那儿搁着呢！"

学霸想了一下，说："我的徒儿，我来讲给你听……"

他只加了一个"徒"字，气氛就不一样了。"徒儿"一词给我带来启示，我和我的伙伴在班上推出了"学生教学生，以师带徒"的学习法。班上学风越来越浓厚，师生一体化，和谐发展，最终成为综合实力最强的班。

是的，被爱的孩子，会变得温暖并且聪明。后来，"我的儿"成了我对学生的常用称呼。这个称呼，不符合职业规范，模糊了教师身份，但是，给我带来了职业幸福。为了守护幸福，我就一直这样叫下来了。

今年夏天，2018届学生毕业之前，我跟他们说："我渐渐老了，下一届我不叫他们'儿'了，我准备叫他们'孙子'……"

这学期开学后，上一届的学生鼎哥来信追问："老师，您把我师弟师妹叫'孙子'了吗？"

我老老实实地回复："没有。我不敢，怕他们说我骂人……"

于是，开学第一天，鼎哥给他的师弟师妹们写了一封信，其中有这样的话：

我们的杨老师，像姐姐一样可爱，妈妈一样亲切，哦，不，我记得她以前告诉过我们，她50岁的时候就当学生的奶奶。今年她恰好50岁，或许，你们会感受到奶奶的慈祥……

我爱过的孩子，唯恐我不被后来人善待，以情真意切却又生动有趣的文字，为我新一届的教学举行奠基典礼。这世上，还有比这更好的幸福吗？

我与新一届学生相处，已近三个月，彼此渐渐了解、理解、悦纳，我真的不敢叫他们孙子，叫"我的儿"次数也不多。这一次，戴阿辉读书时，读得太烂，我就这样称呼他了。梓妍的第8幅画像里，我的这句话，前面还有"哈哈哈"的笑。画者抓得很准——孩子犯错时，我不但不生气，反而会大笑。

我也希望更多的大人，为孩子而欢笑。

就在今天，一个同事跟我谈了一件事。

她亲戚家有个女儿，12岁，读七年级，有割手腕的自残行为。念小学时，她就曾经拿小刀割自己的胳膊，刀口不深，但有划痕，念初中后又发生了一次。

每一种怪异行为都有背景。我了解了一下她的家庭情况，父母离异很久了，她由妈妈带大。父母刚离婚时，她爸爸还经常到家门口来闹事，对孩子伤害很大。她觉得人世冷漠，没什么希望，也不好好学习，后来发展到有自残行为。

朋友问："你说怎么办呢？这一次，是孩子自己告诉妈妈的，她要求妈妈请一个心理医生。还好，她这个学期只有一次，而且主动跟妈妈说自己需要心理援助。我们要不要开导她？"

我说："我建议，不要明确开导孩子。朱永新老师说过，教育应该像水一样载歌载舞。真正的教育，带有隐蔽性，要在柔和愉快的氛围中进行。我想，不要急于给孩子看心理医生。我以前有个学生得了抑郁症，她的爸爸妈妈四处求医，孩子的病却越来越重，最后，她在家人的帮助下奇迹般地康复。心病要用心药治，解铃还须系铃人，孩子就是自己的心理医生，她的妈妈，还有你们这些亲戚，也都是她的心理医生。我有这样几个想法：1.她的妈妈为孩子做表率。她的妈妈不能做怨妇，而应该做热爱生活、心向阳光的坚强女性，以此来引领孩子，影响孩子。这比空洞说教管用得多。2.孩子能主动跟妈妈说这件事，是她自救的开端。身边人要及时发现孩子哪怕一丁点儿的进步，肯定孩子，鼓励孩子，给她积极的心理暗示，给她成长的动力和希望。3.鼓励她树立远大理想。将来她考大学也可以考心理学专业啊！这既可以帮助自己，还可以帮助别人。4.你们这些亲戚，对孩子最实质性的帮助就是，在周末的时候，约她们母女一起吃个饭。你想啊，她平时只有母女相伴，未免孤单，思维单一，思想狭窄，如果一大家子大人孩子聚在一起的话，吃饭、盛饭、夹菜、品菜、聊天、逗乐，何其温暖！孩子最需要的，不是板着面孔的长辈的开导，而是不动声色的温情陪伴。5.观察、摸索一段时间，如果没有效果，就积极探索新方法。要用多种方法帮助孩子成长。最重要的是要有信心，有耐心，教育是个慢的过程，不要急，不要慌，要等，要爱。6.积极跟老师交流，求得老师的支持与帮扶，形成教育合力。这样，孩子还愁成长吗？有信心，办事儿差不了。"

朋友点头，她的眼里闪着泪光。

告别了同事，我回到教室。

恰好是在课间，孩子们涌过来问候我。

花朵般的小脸，让我甚是欢欣，我说："谢谢你们，我的儿！"

哈哈哈哈，咯咯咯咯，笑声成了一朵又一朵爱的浪花，最终汇成欢乐的海洋。

谢谢。

23.

这偌大的人世间，
没有比爱更好的药

▶ 2018 年 11 月 27 日　星期二

　　左图是 11 月 27 日榕麟为我画的第 23 幅画像。右图是同一天梓妍为我画的第 9 幅画像。

　　我穿着黑色毛呢收腰荷叶摆西装，大红高领毛衣，酒红色毛呢 A 字裙。

　　我周三要出差给三门峡卢氏县的一个兄弟学校送教。我在学校的课由政教处冯主任代上。

　　今天的课，孩子们表现特别出色。正如梓妍画中所言：今天的课上得太爽了！也正如榕麟画中所言：让主任羡慕羡慕我们好好上课！

　　这里面有个故事。

　　新学期开学，我接了新一届的两个班语文课。

WOSHI
LAOSHI
YESHI
YONGYUAN
DE HAIZI 1
我是老师
也是永远的孩子一

这学期，语文增加了课时，我算上所有课时是 18 课时，还要备课，并批改 118 本作业。我虽然有满腔热血，却依然难敌现实残酷，年过半百，实在吃不消，课多的时候，一天下来，腿硬梆梆的像根铁棍，路都走不得。

我萌生了一个想法：找领导谈谈，给我减少一个班的工作量。恰好，"80后"政教主任小冯也想教一个班语文。他本是一个有情怀的语文老师，这两年忙于行政工作，离开了教学岗位。经过思考，他还是不想丢掉专业。我们一商量，决定一同找找主管教学的朱校长，请他批准冯主任接我一个班。

我想给他一班。一是因为我上一届就跟一班班主任光哥搭班，而从来没有跟二班班主任美好搭过班；二是因为二班学生安静，一班学生闹腾。我年龄大了，想静。

我把自己的情况跟教务处韩主任谈了。

韩主任说："杨老师，跟朱校长汇报一下，他会同意的。"

万事俱备，只欠东风。这时，朱校长恰好离开学校，到成都跟岗研修 21 天。

我每天都充满希望地等待朱校长回来。

事有凑巧，其间我恰好去成都开讲座，而且有充裕的时间面见朱校长。

我打通了朱校长的电话："朱校长，您猜我在哪儿？"

朱校长立即意识到我也在成都。

我原本计划说的是："我现在去看您。"

但我真正说出来的却是："我明天有讲座，就不去看您了哈！咱们回头学校里见！"

我莫名其妙放弃掉了一个退课良机！

我重新回到岗位，等待朱校长归来。

一天，两天，三天……我爱上一班的孩子们了！我不怕他们吵了！他们也似乎没有原来吵了！

我决定，不放弃他们，扛下来！我知道，这一扛，就是三年。但是，一旦爱上，就会奋不顾身，这是我的本性与宿命，我认。

当我想退课的时候，我有好多好多的理由；当我想担当的时候，我只有一个理由：爱。

我想起爱情里的一句经典语录：所有的分手，都是因为爱得不够。

21天后，朱校长回来了。

我已经全然忘记盼他归来时的急切心情了。我甚至已经忘记了我盼过他归来。

我只把全部的心思都用来爱两个班的每一个孩子。

后来，有几天，阴雨连绵，我足疾复发，行动困难，没法站着讲课。但是，我忍着疼痛，每一节课都笔直地站在讲台上。

一班的孩子温暖了我。

课代表诗乔反复叮嘱我坐着讲课。我谢绝了她的好意。坐着讲课，终究不能完全释放我满腔汹涌澎湃的激情啊！

有一天上完课，诗乔追到办公室，送给我一个迷你款暖水袋："老师，给您！暖暖您的脚踝，早点康复！"

惊喜之间，我接过来，仔细端详。浅褐色、毛茸茸，搭配着黑色小猫咪图案，小猫咪的几根小胡须俏皮可爱。里面已经装满热热的水。我小心翼翼地，把这个只有巴掌大小的暖水袋，贴近掌心。水在袋子里轻轻滚动。有一股暖流，从我的掌心，流向指尖，扩散到全身，弥漫在心房。我饱受折磨的足疾，似乎瞬间就痊愈了。

哦，这偌大的人世间，没有比爱更好的药了吧？我们每个人，都是良医。心怀大爱，医治别人的病，也治自己的伤，甚幸，甚喜！

我越发觉得自己选择继续教一班是正确的。

我忍不住跟孩子们坦白我曾有想逃离的念头。

而恰好，这一次，我出差就由冯主任给我代课。

WOSHI
LAOSHI
YESHI
YONGYUAN
DE HAIZI 1
我是老师
也是永远的孩子 一

我告知孩子们这件事的时候，他们问："是不是您以前想把我们交给那个主任？"

我说："是。"

孩子们说："明白了，您放心出门，我们好好表现，让他羡慕羡慕。"

哈哈哈，孩子是多么率真啊！

周三下午，我在出差回来的路上，就收到诗乔来信：

老师放心，今天的课上得和您在的时候一样好，小伙伴表现好，冯老师讲得棒！

哦，孩子，我最高兴的，不是你们表现好，而是你发现了冯老师讲得棒！一个善于发现他人优点并真诚赞美的人，过得不会差。

如此，我不在家时，你们这愉快的一课，就有了特别的意义。

谢谢冯主任！谢谢孩子们！

24.

不能用老眼光
看"熊孩子"了

这是 11 月 29 日榕麟为我画的第 24 幅画像，也是梓妍为我画的第 10 幅画像。

我穿的是粉白色短款羽绒服，内配蓝色高领黑色绣花拼接卫衣，九分阔腿牛仔裤。

这一次，梓妍比榕麟画得细致些，她画出了卫衣的彩色绣花，星星点点掩映在羽绒服的衣襟中间，很有层次感。榕麟忽略掉了这个细节，她在衣服的上下搭配上下了功夫，牛仔裤的颜色被她画成天蓝，与卫衣领子遥相呼应，别有

WOSHI
LAOSHI
YESHI
YONGYUAN
DE HAIZI 1
我是老师
也是永远的孩子 1

趣味。总之，两个画者都是认真的。

在这前一天，11 月 28 日，我出差在外地，班级开展了新一届班干部竞选活动。

有一个人，烁儿，在我的课堂上极其捣蛋的"小魔头"，竟然报名竞选语文课代表！当然，我必须讲明的是，11 月 27 日的他已经有了很大的好转。那一天下课他都没有玩，主动找我读书，读得特别好。他的表现出乎我意料。班主任光哥也和我有同感。光哥给我和烁儿拍了合照，发到家长微信群，以资鼓励。

但是，我万万没想到，烁儿他会如此积极地来竞选我的课代表。我是非常注重对课代表的培养的。我对课代表要求很高，我常跟他们说："给我当课代表，就是'炼金子'！"

烁儿这样一个几乎连自己都管不了的人，能领着全班同学学习语文吗？并且，班规中明确规定：课代表的学习成绩，必须是班级前 20 名，烁儿的成绩是50 名往后。

烁儿是个孩子，他单纯得像一颗晶莹的露珠。他并不像我一样顾虑重重，患得患失。

他勇敢地走上讲台，发表了竞选演讲：

尊敬的各位老师，亲爱的同学们：

大家好！

我是烁儿，今天我们迎来了初中第一次竞选班干部的活动。

我是来竞选语文班干部的，"语文班干部"又叫"语文课代表"。我本来是不喜欢语文的，但是在语文老师的感染下，我深深地爱上了这门功课，为了不辜负班主任和语文老师的希望，我决定竞选语文课代表。

如果我当上语文课代表，我不会骄傲。我希望大家以学为乐，我会尽量给大家带来欢乐，让大家收获笑声，促使同学们爱上语文这门功课。我会像勤劳的小蜜蜂一样，任劳任怨地帮助同学们，协助老师们，同时我还会全力去学习，取得好成绩，对得起"语文课代表"这个称号。

当上语文课代表就会有一种责任，责任带来压力，压力给人一种动力，动力会使我们前进，把我们变得更好！我会因此更加努力学习，帮助同学。小草为什么能从坚硬土地里长出头呢？是因为生命的责任，一旦有了责任就一定有压力，有了压力就有了动力，得到动力，小草就会奋发向上生长。

如果我成功当选，我会像小草一样奋发向上，努力拼搏！如果我落选了，我也不会气馁，我会从中总结自己的缺点，并加以改正，为下次竞选做好充分的准备。

不管有没有选上，我仍然会努力学习，不辜负老师和家长对我的期望，希望大家把自己宝贵的一票投给我，谢谢大家！

然后，感人的事情发生了。

烁儿，这个被小伙伴叫作"皮皇""人家是人造革，你是真皮"的孩子，在全班 59 人投票的情况下，得了 41 票，位居语文课代表 5 个竞选者的第二名！

按照竞选合约，每个学科需要 4 个课代表。这一次语文课代表的 5 个竞选者中，烁儿是个新人，另外 4 个都是我之前的课代表。烁儿的票数高，可是他成绩不达标，另外几个竞选者虽然票数没他高，但成绩比他好。班主任光哥为难了！

光哥又想小心翼翼地保护烁儿的上进心，又不能违背班规。他采取了折中方案：这 5 个竞选者，包括 4 个老课代表和烁儿，都当语文课代表，烁儿因为成绩不达标的缘故，起辅助替补的作用。也就是说，他不收发作业，不参与管理，只负责记名字、统计分数一类的事儿。

烁儿同意了。

不，烁儿又不同意了！

他在等着放学回家跟我谈。他相信，虽然我出差了，但我们照样可以谈事情。

我想，他是迫不及待地一路小跑着回家的。

因为，放学不久，他就用爸爸的微信给我发了错别字与病句交错的好几条私信，他甚至忙乱到把自己名字中的"烁"写成了"硕"。他是多么激动啊！

他告诉我："老师，我当选上语文课代表啦！"

我回复："恭喜，恭喜！"

他的语音电话打来了。

他的语速快得像从天上哗啦啦下的一场急雨。

他说："杨老师，请您不要说话，您听我先说！这是从我出生到现在的 12 年来，12 年来，12 年来，第一次，第一次，第一次，走上讲台，第一次，第一次，第一次，竞选课代表！这对我以后的成长，起着至关重要的作用！可是，我仅仅是个替补！我不要当替补！我要和他们 4 个一样，参与管理，帮助同学们学习语文，我要为集体做贡献！我要和他们干一样的活，甚至比他们干得更多！杨老师，求您帮帮我吧！"

烁儿的语速快，却思路明确、吐词清晰。我被他一腔热情感动了，当即表示，我一定想办法让他有所担当。

我跟光哥提议，把 4 个老课代表中非常负责的小乔提拔成总课代表，统领全局，她原来的工作转交给烁儿。光哥同意我的提议。

于是，烁儿就和其他课代表有了相同的工作量。

烁儿欢呼雀跃！

我准备于 11 月 29 日在语文课堂上宣布这个决定。

可是，事有凑巧。

烁儿生病了。这是他念初中以来第一次生病。以前他总是生龙活虎，顽皮得像只小猴儿。

天特别冷，只有七八摄氏度的样子，烁儿只穿了一件短袖 T 恤，外罩一件秋冬季校服就来到了学校。早读是英语课，他认真背单词，比平时表现好十倍以上。教英语的美妤老师和班主任光哥都表扬了他。

这时，他上下牙齿开始打架，嘴唇哆嗦，浑身发冷。光哥说给他爸爸妈妈打电话接他回家。他坚决不同意："我不回家，我等着语文课呢！"

光哥给他找了一件其他老师的羽绒服穿上。他坚持上课。语文课在第三节。他坚持到第二节下课就再也坚持不住了。他发起了高烧。光哥通知他爸爸接走了他。

第三节，我一走上讲台，孩子们就七嘴八舌地告诉我：

"老师，烁儿等您好久等不来，他只好回去了！"

"老师，烁儿竞选语文课代表，我们都投他的票，因为他敢于尝试，很有勇气。"

于是，我惟妙惟肖地模仿烁儿的语速语气，把他跟我的交流与孩子们分享了。

然后，我做委屈状："他叨叨叨都不让我说……"

哈哈哈，孩子们大笑。

我说："孩子们，谢谢你们的公平、厚道，为烁儿投上了宝贵的一票。或许，这是他成长历程中的一个转折点。班主任陈老师也很了不起，他大胆任用烁儿这样的学生，体现了对烁儿的充分尊重和信任。你们投票给烁儿，这对他是一个巨大的帮助。烁儿的爸爸妈妈非常感激大家。他的爸爸还特意给我发来了微信。"我边说边掏出手机，给孩子们念烁儿爸爸的微信：

WOSHI
LAOSHI
YESHI
YONGYUAN
DE HAIZI 1
我是老师
也是永远的孩子一

这一切的一切都是一班的老师和同学的功劳，这么多年，我用了各种方式都没能改变烁儿，现在烁儿在家一提咱们班，眼里就满满的自信和幸福。他每天回来都要给我说一些班级的故事，烁儿很佩服班上的老师和同学们，从他的话里能感觉到这个班是他的骄傲。

哗啦啦，雷鸣般的掌声响了起来!

第二天，烁儿来上学了。他的病还没有痊愈。语文早读，他把衣服上的黑帽子戴在头上，和别的课代表一起在走道上巡视。他走得比小猫都轻，比蜗牛都慢。

我看见他的装扮与姿态，就悄悄说："烁儿，你看你，像个打劫的!"

他没有说话，抓起一个黑口罩就戴上。哈哈哈，这个小戏精，这下更像打劫的啦! 这孩子，就是很特别，他似乎有着天然的叙述与表演能力。他让我深切地感受到，现在的孩子，和以前不一样了。他们的成长更加立体、多元了。我们不能以老眼光看"熊孩子"了。"熊孩子"也是有正能量的。

上任伊始，烁儿对工作极其投入。晚上回家还跟我聊课本剧的事。

我说："烁儿，你那么好，这是为什么? "

他开口就唱："因为我刚好遇见你，留下足迹才美丽……"

那一刻，我的眼泪，顺着脸颊，悄然滑落。我素来不知，我竟有这样的幸运，可以通过一个孩子，看到教育更多的真相与真理。

而榕麟和梓妍，用她们的画笔，绘出了我们的故事。

谢谢!

25.

加分要忍，
扣牌要狠

图一是榕麟为我画的第 25 幅画像，图二是梓妍为我画的第 11 幅画像。

11 月 30 日，十一月的最后一天。天气较冷，我穿着粉色高领羊毛衫，黑色毛绒外套。她俩都在画像中表现出了这一点。梓妍把我的外套的黑色画得更浓郁，也更有厚重的质感。人物的神采，也似乎是梓妍画得更有感觉。尽管在她笔下，我依然是傻萌萌的猫耳朵、肉嘟嘟的猫爪。她们俩都画了讲台上的道具，一个竖满了所有人名签的盒子。

梓妍画的是我在说，俊言哥连"牌"都准备好了啊！

榕麟画的是我在说，好，现在抽人读课文。

这两句话，都跟一个新生事物有关。

这个新生事物，就是我们的"牌"。"牌"的全称是"免死金牌"。其产生的缘由是，孩子犯错误后，常常说"唉，我死定了！"，这个牌，能让"死定"的人复活。也就是说，犯了错，扣一张牌就可以。不批评，不责备，只扣牌，犯错者自然就不会尴尬，不会难堪，不会窘迫。

"牌"从哪里来？通过努力赢来。

我的同事陈正和老师几年前发明了这个极其好用的"牌"。这个"牌"迅速在学校推广，很多同事用"牌"来管理班级和学科教学，且都收到了意想不到的好效果。

关于这个牌，我在拙著《为课痴狂》里写过，为避免个人著作间的重复交叉，这里不再详写，只简略概述。

这里，我主要谈谈怎样调动孩子成长的积极主动性。

当然是鼓励——持续不断地鼓励，有理有据地鼓励，有章可依地鼓励。怎样达到这三种鼓励呢？师生协商，共同探究制定相关班规班纪，以"牌"制度的奖罚，代替老师的随意说教或奖罚。

以我的语文课为例。

课堂读书，10 行加 1 分，20 行加 2 分，这在榕麟第 19 幅画像里已经写过，这里也不再赘述；

不迟到、作业好、课堂纪律好、发言好，一次加 1 分；

作文、手抄报、课本剧，做得好，一次加 3 分；

积够 6 分，就能得到一张"免死金牌"。

犯了错误，交"牌"就免责。

比如，上课说话，扣一张"牌"；作业不按时交，扣一张"牌"，限时补齐作业即可；说谎——这是成长中的大忌，一次性扣五张"牌"……

需要特别注意的是：何时加分，加多少分；何时扣分，扣多少分，老师都不能独断专行，要在班会课上开听证会，师生协商，民主制定奖惩制度，这样有利于孩子们心悦诚服地接受，促进他们为成长而积极努力。我们的班级，为了这个"免死金牌"的使用，已经讨论过两次，直到今天下午才基本确定，后续还会不断完善。

"免死金牌"是为了鼓励学生进步，也是为了给犯错的孩子免责，这为孩子们所喜闻乐见。奖惩分明，奖得给力，罚得温馨，教育就变得轻松而愉悦，师生关系也甚是和谐。

可是，总有些大人忘记鼓励孩子。

比如，一个朋友很郁闷地告诉我，她老公去参加4岁的儿子的家长会，回来很不开心，因为老师说，孩子在幼儿园不主动和小朋友一起玩，孩子应该学会与人沟通。

朋友的老公说，孩子太差了，为什么别人家的孩子懂得主动沟通，自己儿子不懂？才4岁就和别人不一样了，这可如何是好？

朋友不同意老公的说法，又不能说服他，就来跟我交流。

我说："这需要观察并且调查孩子不主动跟小朋友玩儿的原因。或许他在做着自己感兴趣的事，或许他很享受独处的时光，或许他就是只想自己玩儿，这有什么呀！为什么非得让孩子与别人一样？4岁的孩子，他就被贴上另类的标签，这才是使他越长大越孤单的真正原因。"

鼓励孩子，永远都没有错。"免死金牌"绝对是一个可资鼓励的凭据。

"免死金牌"就像一笔财富，可以想办法多赚。比如，在我没有布置的情况下，课代表每天早晨主动写出满满一黑板"美文积累""佳句欣赏"，他们就可以加1分——是的，做得好一次才加1分，做不好一次扣一张牌。加分要忍，扣牌要狠，孩子才更有盼头。也有孩子，下课少玩儿，主动找我背美文，也能加分。总之，只要孩子主动，挣牌机会多多。

但是，"免死金牌"有它的规则限制。

"免死金牌"不适用于幼儿。

WOSHI
LAOSHI
YESHI
YONGYUAN
DE HAIZI 1
我是老师
也是永远的孩子 1

幼儿还太小，他们的成长不适合量化。他们应该得到更多的爱、引领、鼓励。

我有一个同事，儿子5岁，昨天她去幼儿园做义工，回来后感慨良多。

她说："一去儿子的幼儿园，就看到这样的情形：上课伊始，老师把学生分为几个小组，就开始量化，说话扣1分，坐不好扣1分，各种各样的扣分。男孩多的组，扣得非常厉害，女孩们就说，她们不喜欢跟他们一个组，他们总是被扣分……我就想啊，学生上了初中，到了我们班上，我们常常感觉这个孩子皮那个孩子皮，不皮才怪呢！在幼儿园就开始被束缚，被扣分，到了初中，可不就是皮成习惯了！个性得不到发展，还要随波逐流，慢慢被塑造成另一个自己。他们就这样长成了一身毛病的孩子。唉，幼儿园一个班三十几个娃，一进门就听见'嗡嗡嗡嗡嗡嗡'，吵得我头皮发麻。老师也是没办法，不量化她管不住啊。一个无奈的老师带着一群无辜的孩子，做着无益的教育，着实令人无语啊！"

同事用"四无"总结出来的教育，无疑是给我们敲响了警钟。

我很欣赏光哥说的一句话："小心翼翼保护学生的个性发展"。我们在实际工作中，要把奖惩制度以促进成长的方式落实下来。

榕麟画我抽签读课文，就是要通过抽签读课文落实"免死金牌"的奖罚；梓妍画说俊言哥连"牌"都准备好了，是指我抽签背美文抽到俊言哥，俊言哥不会背，主动交"牌"的事。

"免死金牌"起初诞生的时候，还比较简洁，一张小纸片，简简单单一个大大的"奖"字。发展到现在，已经是个小彩图了。

这个"免死金牌"的设计者是榕麟。她画的是动画片里的小智和皮卡丘。她说，男生喜欢小智，女生喜欢皮卡丘，这样双方的感受都考虑到了，男生女生都很喜欢。"牌"中间盖上班主任光哥的私章，体现仪式感。

哦，原来，画者是要懂得心理学的。孩子总是在不经意间启迪我们。谢谢。

26.

很爱很爱你

▶ 2018 年 12 月 3 日　星期一

　　2018 年最后一个月的第一组画像，榕麟为我画的第 26 幅画像，梓妍为我画的第 12 幅。

　　我穿着藏蓝色面包服，内搭海蓝色堆堆领羊毛衫。赤橙黄绿青蓝紫的七彩世界中，我最爱蓝色。喜欢雨果说的"世界上最宽广的是海洋，比海洋更宽广的是天空，比天空更宽广的是人的心灵"。蓝色是海洋和天空的色彩，我也因此而最喜欢这宁静祥和的色彩。我的衣服中，有藏蓝、天蓝、海蓝、湖蓝、灰蓝、紫蓝等各种各样的蓝，这一次我把海蓝与藏蓝两种蓝搭配在一起，是为了体现蓝色系的层次感。不知道为什么，她俩并没有如我所希望的那样画出蓝色的层次感，而是都把藏蓝色羽绒服画成黑的。

WOSHI
LAOSHI
YESHI
YONGYUAN
DE HAIZI
我是老师
也是永远的孩子

她俩都是很厚道的画者，有人鼓动说："把老师的面包服画得厚厚的，显得臃肿些，看看怎么样？"

然而，她俩并没有那样画，而是画成了超短的轻薄款，梓妍画的还带有毛茸茸的皮草味道，显得高端、炫酷而时尚。哦，每一幅画像，都不是简单的描摹，都是用心之作，都藏着画者对我的偏爱。

她们对我的偏爱无处不在。我去美发店洗了头，喷了啫喱定型水，头发有些僵硬，不如之前蓬松活泼。孩子们围拢过来，帮我揉搓，想给我凹造型。她俩不明就里，奔了过来。

原本嗓音纤细的榕麟，居然大喝一声："不许欺负杨老师！"

待她明白大家是喜欢我，她也忍不住笑了。

我也因此知道，这样日日相伴、天天交流，我的两个小画师，也成了我的保护神，尽管她们都是柔柔弱弱的小女生。谢谢孩子的水晶心，谢谢我的好运气。

榕麟画上的，是我常说的一句话：给我当课代表，就是"炼金子"。

她是特别针对烁儿画的。

烁儿当上语文课代表以后，再也不在课堂上捣乱了，再也不用离开座位坐到我身边来了。

偶尔他有点小躁动，我就叫他："烁儿。"

叫一声即可，他能管住自己。正如榕麟画中所写：烁儿在远方。烁儿长大了，再不用我走到哪里带到哪里了。

有了存在感和价值感，烁儿对全班的语文学习都很上心。每天夜晚，他都要问问我语文作业的要求——其实我在班上已经说清楚了，他问的目的是强化。

这几天，我们在筹备《皇帝的新装》课本剧，采取的是课代表负责制。总课代表小乔统筹，另外四个课代表各负责一个表演队。课代表们写剧本，做道具，分角色，做导演，做演员，忙得不亦乐乎，却又各显神通。

平日里大大咧咧的烁儿愁眉苦脸地来找我了："老师，别的组都有皇冠，我们组没有，怎么办啊？"

我忍俊不禁，这是真操心啊！

好在，小乔跟他一个表演队。小乔有的是办法。

他们已经进入彩排阶段，烁儿还在想着他的皇冠。他无意间一抬头，看见一个同学在"胡作非为"，不由分说，一个箭步冲上去，义正词严、斩钉截铁、铿锵有力地说："不能捣乱！"

大家被他弄得一头雾水："嗨，哪有胡作非为！这是表演现场！"

"Sorry，sorry..."烁儿不好意思，赶紧道歉。

长大是一个过程。烁儿每一天都给我们成长的欣喜。拨开云雾见月明，一个调皮好动的烁儿，就这样日日更新，不管他是在我身边还是在远方，我都在渐渐放心，开心，舒心。

两幅画像不一样。梓妍画的是我在讲蒲松龄《狼》中的"屠自后断其股"的"股"。

我讲之前，孩子们说，"股"的意思就是屁股。

我说："自然不是。汉朝孙敬头悬梁，战国苏秦锥刺股，'股'是'大腿'的意思。以前呢，考过这个字，古今异义嘛，是个热点，也是考点，你们有个师兄还是记错了，他记得是'屁股'的意思，可他一着急，竟然不会写'屁股'二字，他写的是：身体的一个重要部位，腚………"

哈哈哈哈，哈哈哈哈，孩子们好欢乐啊！

梓妍抓住了这课堂上最欢乐的时刻，画了下来。我相信，我的学生都记住了"股"的意思。

每一节课，都成了故事，每个故事，都成了画。谢谢两位画者，谢谢我所有的学生。他们的故事，丰富了我的生活；他们的生活，让我笔下有故事。

孩子们，爱你们，很爱，很爱，很爱。

我是老师
也是永远的孩子 1
WOSHI
LAOSHI
YESHI
YONGYUAN
DE HAIZI 1

27.

一个设悬念，
一个揭谜底

▶ 2018 年 12 月 4 日　星期二

　　这是榕麟为我画的第 27 幅画像，也是梓妍为我画的第 13 幅画像。

　　12 月 4 日，我穿着灰蓝色长款大衣，内搭水红色高领羊毛衫，灰色毛呢裤。这身衣服，是专为两个画像师搭配的：大衣的西装领毛茸茸，两个大口袋方方正正；羊毛衫的领子，罗纹麻花。不好画。我买的时候，就考虑到不好画。女为悦己者容，我买衣服，是为了给两位画师积累素材，也是想要在她们创作的过程中设下关卡，让她们不容易画成。我不懂绘画，不知道怎样教她们，那就在激发她们自主绘画、自主提升上多花点心思吧！

　　榕麟把我着装的特点抓得很准。毛衣领、大衣领的质地也都画得很有感觉了。我讲课巧设悬念时得意的神态、表情、手势，她也抓得准。此时，我看着她的画，禁不住再一次得意起来。课堂上，有一个懂我的学生，她只有12岁，那么，我所有的表达，都有了实在而实际的意义。

我当时在讲郭沫若的《天上的街市》。

讲这首诗，就得讲牛郎织女的故事，我说了一个对称的句子：一个是天上的神，一个是地上的人——俩人的距离感就显而易见了，他们的爱情，就不能朝暮相守了。

这只是一个悬念。

在哪里揭开谜底？在梓妍的画里。

梓妍把我大衣画成了亮紫色。猫爪也是亮紫色。我不知道她是没记清我衣服的颜色，还是特意用这个颜色。毕竟蓝色与紫色是相近的。蓝色里蕴含着紫。我曾经有一件蓝色风衣，在阳光下发出紫色的光芒。拍照的时候，也常显出紫色，给人好神奇的感觉。

梓妍画的，是以《天上的街市》为依据，揭开牛郎织女爱情故事的新意。

我说：在世人的眼里，牛郎织女天河相隔，一年才能相会一次，是不幸福的。但是，早在北宋时期，秦观就有《鹊桥仙》反其意而写之：

纤云弄巧，飞星传恨，银汉迢迢暗度。金风玉露一相逢，便胜却人间无数。

柔情似水，佳期如梦，忍顾鹊桥归路。两情若是久长时，又岂在朝朝暮暮。

这首词立意高妙。意思是：爱情要经得起长久分离的考验，只要彼此能真诚相爱，即使终年天各一方，也比朝夕相伴的庸俗爱情可贵得多。这首词也因此成为爱情颂歌当中的千古绝唱。明人李攀龙评说：七夕歌以双星会少别多为

WOSHI
LAOSHI
YESHI
YONGYUAN
DE HAIZI 1

我是老师
也是永远的孩子 一

恨，独少游此词谓"两情若是久长时，又岂在朝朝暮暮"二句，最能醒人心目。清人许宝善说：七夕词以此为最，以其本色耳。

到了1921年，五四运动的洪波已经消退，大革命的时代尚未到来。半殖民地半封建的中国，依旧被帝国主义列强和他们豢养的各派军阀统治着。诗人郭沫若在苦闷中彷徨，他不满现实，热烈地憧憬着美好自由的未来，于是，在灿烂星空下，他以清新浪漫的诗句，写下这样的温情故事：

> 你看，那浅浅的天河，
> 定然是不甚宽广。
> 那隔着河的牛郎织女，
> 定能够骑着牛儿来往。
> 我想他们此刻，
> 定然在天街闲游。
> 不信，请看那朵流星，
> 是他们提着灯笼在走。

就这样，郭沫若赋予了牛郎织女以自由来往、天街闲游的幸福生活……

孩子们豁然开朗：这不仅是牛郎织女的幸福，也寄托着郭沫若的人生理想！

也许这样的悬念式学习，给两个画者留下了深刻印象，她们不约而同却又相辅相成地画出了我在课堂上的两处表述。这像一种绘画接力：一个设悬念，一个揭谜底，相映成趣，意蕴悠长。

有趣的是，两个姑娘，也不约而同地写错了同一个字，她们都把"牛郎"写成"牛朗"了，我小心翼翼改过来，依然有涂改痕迹。画图写字，仔细准确，是我这个语文老师将要告诉她们的。

第五辑

慢一点儿，

教育就有好日子

WOSHI
LAOSHI
YESHI
YONGYUAN
DE HAIZI 1

我是老师
也是永远的孩子 一

28.

哈哈哈，
果真是一群戏精

▶ 2018 年 12 月 5 日　星期三

这是榕麟为我画的第 28 幅画像，也是梓妍为我画的第 14 幅画像。

我穿蓝色羽绒服，红色高领打底衫，黑色休闲卫裤。

课间，我悄悄把榕麟和梓妍叫到身边，跟她们说："你们俩昨天都把画像中的'牛郎'的'郎'写成'朗'了，我已经改过来了。但依然有涂改的痕迹，降低了赏画的舒适度。你们以后还是要细心一些哈！"

她俩点头："嗯嗯嗯，知道了。"

也许这个事给榕麟留的印象比较深，她把此情此景画下来了，以提醒自己不再出错。她画中的我，是圆润而饱满的瓜子脸，亮晶晶的大眼睛，纤细修长的手指，一手拿着手机，一手指着屏幕，红唇轻启，正在说话。整幅画给人的感觉萌萌的，挺有动漫人物的气质与风采。

梓妍画的是一个场面：孩子们在表演课本剧《皇帝的新装》，我在录像。

这次课本剧的排练，采取课代表负责制。小乔统领全局，诗乔、琪琪、诗鸿、烁儿四个课代表，每人负责一个表演队，一条龙模式：剧本创作、演员遴选、导演、排练，课代表全权负责。排练期间，没有其他语文作业。

课代表很给力，小伙伴很努力。设计导演负责制作指示牌、做道具、写台词、分角色、做PPT，排练预演……一丝不苟，环环相扣。特别值得称道的是，孩子们是公平的，他们为每一个人都安排了角色，每一个人都能发挥价值。

为了表演，诗乔小队还特意花钱租了服装。我一打听，哇，每件衣服一天租金50块钱。正式表演是在周三上午进行的，孩子们很会算账，他们把两个整天掰开，用其中精华，也就是说，租衣服的时间是周二下午排练和周三上午正式表演，这样又节约租金又恰当利用，一举两得。

还真别说，穿上租来的衣服，皇帝、骑士、典礼官、骗子，他们就都有模有样了，比别的队更有戏剧效果。

表演的时候，5个课代表走上讲台当主持，场面甚是火爆。无论是演皇帝，饰骗子，扮大臣，演骑士，演侍从，演典礼官，演小孩，演爸爸，还是群演站在窗子里的人、一众老百姓，或者只是直挺挺做一个皇帝的衣架，甚至只是一扇窗，一面镜子——大段的台词也好，一句话也好，甚至连一句台词都没有，只能充当背景，也没有关系，他们的表演，都是一样的栩栩如生，惟妙惟肖。

每个皇帝都有皇冠。孩子们的手也是够巧的了，硬纸片剪一剪，画一画，涂个黄色，就是一顶别具特色的皇冠了。每个皇帝穿新装的戏份都很足。扭扭腰身，照照镜子，极尽夸张，丑态百出。皇帝头顶富丽堂皇的华盖出街游行，一众侍从前呼后拥。虔诚弯腰托着后裙的内臣们，都把手在地上东摸西摸，好像他们真的在拾起后裙似的。他们开步走，手中托着空气——场面隆重，却又滑稽可笑。这正吻合了原作以奇特的夸张与想象以讽刺批判皇帝愚蠢、大臣谄媚、看客人云亦云的艺术特色。

"骗子"装模作样，拿着两把大剪刀，假装在空中裁剪，同时又用没有穿线的针缝了一通。

待到"皇帝"来看新装，"骗子"每人举起一只手，好像他们拿着一件什么东西似的。他们说："请看吧，这是裤子，这是袍子！这是外衣！这衣服轻柔得像蜘蛛网一样：穿着它的人会觉得好像身上没有什么东西似的——这也正是这衣服的妙处。"

还有"骗子"灵感突现，现场加台词：我这里还有皇帝新装的高仿制品，抢购热线 400-1234567，订新装，送裤子！走过，路过，不要错过呀！错过一天，就是一年啦！拿个骑士换不来啊！

"骑士们"都是大帅哥。他们一袭白衣，笔直站立，威风凛凛，实乃教室里的风景线。

不仅是人，就连道具也是有创意的。

不是每一个人都是主角，甚至不是每一个人都能演到人，根据剧本要求，有人要演衣架，有人要演窗子，有人要演镜子。孩子的想象力总是无比丰富。他们既演出了这些物品的特点，又赋予它们以人的灵性与情感。

比如，"阿翊牌镜子"有这样的台词：皇上，我是有妖气的镜子，我是有毒的镜子，只有对暗号才能照镜子哦！

就这样，镜子有了生命，它的调皮可爱被表达得淋漓尽致。

点点同学添加台词：本剧由你的月亮我的心有限责任公司冠名播出……

好吧，每一个人都是戏精。

也有人记得老辈人的训话。

今天下了雨夹雪。这个冬天的第一场雪。演员们就地取材，簇拥皇帝游行时，把伞打开作为华盖。

挺有创意的吧？不！小伙伴紧急提醒了："呃，呃，我奶奶说过，室内打伞长不高！"

表演者是极其投入的。他们可不管未来是否长得高，他们只一心想把眼下的游行大典表演得有意思。

演员入戏深，导演看戏真。课代表导演们更是忙前忙后，不亦乐乎。

梓妍画中左下角写着：烁儿在乱跑——其实，不是烁儿在乱跑，是烁儿在四处奔走，安排相关事宜。自从当上课代表，烁儿就不再是"皮皇"，而是有担当的导演啦！

这里还有个插曲呢！我宣布课代表负责排练的当夜，烁儿就进入了备战状态。

他想让胖乎乎、笑眯眯、长相富有喜感的俊言哥饰演皇帝。无奈当时俊言哥已经放学回家。

于是，他用爸爸的账号登录家长微信群，隔空询问俊言爸爸：叔叔，我是烁儿，我们排练《皇帝的新装》，想要俊言当皇帝。请您征求一下他的意见。

不一会儿，俊言爸爸回复说："我问过俊言，他愿意。你们直接联系吧！"

烁儿连声道谢。

我看到这样温馨有爱的交流，真是心旷神怡啊！把成长权交给孩子，把成长交给时间，教育就不再是空洞的说教，而是动人的故事。

演出结束，5位课代表主持评选出最佳皇帝、最佳骗子、最佳骑士、最佳侍卫、最佳官员、最佳小孩、最佳爸爸、最佳群演、最佳导演、最佳道具、最佳创意、最佳场景、最佳画外音、最佳剧务、最佳表演团队、最佳观众——服不服，这可是比奥斯卡都更加全面的颁奖仪式。所有奖项都由我逐一颁奖。奖品是诗乔买来的蜡烛。原作中有骗子点着16支以上的蜡烛连夜赶工，诗乔就买了蜡烛带来。孩子们考虑到安全问题，表演时只是把蜡烛放到现场，并没有点燃。所以，蜡烛还是新的。拿蜡烛来当奖品，是二次利用，甚好。

有始有终，创意多多，课本剧圆满结束。

WOSHI
LAOSHI
YESHI
YONGYUAN
DE HAIZI 1
我是老师
也是永远的孩子 1

下午在二班演出时，故事也很有趣。

就要上台了，突然接到急报：第一表演队的皇帝扮演者俊融发高烧，无法上场！救火如救场，立即调整，把第一表演队调至最后一个，好让他们可以抢时间临时改戏。

他们是这样改动的：把阿原由侍从"擢升"为皇帝。

开篇画外音是这样的：因年迈体弱，皇帝已经退位，太子继位……

阿原手持带有"儿童银行"字样的钞票，上台了。不得不承认，孩子是超级聪明的，仅仅一个转身，他们就现场编出新台词，赢来了雷鸣般的掌声和喝彩。

我们排演课本剧，目的是丰富语文学习生活，启迪智慧，培养能力，学会学习，实践创新，开阔视野，使得孩子们在不知不觉中爱上语文。这一场课本剧，孩子们全力以赴，相信会对未来产生影响。

谢谢画者把这样动人的情节画了下来。感谢这一群小戏精。

29.

和你们在一起
简直是太美

这是榕麟为我画的第 29 幅画像，也是梓妍为我画的第 15 幅画像。

之前，我几乎每天都换衣服供她们画像。

这天，我们学的安徒生《皇帝的新装》里面有这样的句子：

　　许多年以前，有一位皇帝，他非常喜欢穿好看的新衣服。他为了
要穿得漂亮，把所有的钱都花到衣服上去了，他一点也不关心他的军
队，也不喜欢去看戏。除非是为了炫耀一下新衣服，他也不喜欢乘着
马车逛公园。他每一天每个钟头都要换一套新衣服。人们一提到他时，
总是说："皇上在更衣室里。"

　　我的心里有些不大自然了。自己一介草根，却像昏庸的皇帝一样荒唐，这简直就是不自量力、胡作非为。于是，12月6日，我忍着，没换新衣服：和前一天一样，我还穿着蓝色羽绒服，黑色休闲裤。

　　出门前，想了想，着装一点儿都没变，两个姑娘会不会产生审美疲劳，缺少创作欲望？于是，我在脖子上加了一条粉色围巾。也曾跟她们聊过，冬天里，每天换衣服我恐怕做不到，我的围巾也有十几条的，是否可以随时换围巾？她们说，嗯，可以的！于是，我就加了围巾。她俩都关注到了，都把围巾画了出来。呵呵，这样点缀也不错的啊！

　　榕麟画的是我在夸奖磊磊：磊磊好棒棒哦！

　　磊磊是一个小个子男生。目光格外明亮，灿若晨星。他还长着一对小虎牙。一笑，尖利小巧的虎牙就露出来，特别可爱。明眸、虎牙，加上天真的笑容，这是一个特别上镜的孩子。有一次，我想给磊磊拍张照片做纪念。征求他的意见时，他不同意，我没有劝说或者勉强，只是作罢。尊重孩子的选择，保护孩子说"不"的权利，是大人的天职。

　　今天，我为什么夸奖磊磊，说他好棒棒呢？是因为，他前一天晚上的作业做得很精彩，既扣了题，又有独特创意。我夸奖他的时候，他的眼睛，更好看了，就像刚刚孵出来的小鸡的眼睛，圆溜溜的，明亮亮的，没有一丝一毫的杂质。孩子是怎样越来越漂亮的？是在大人的热情鼓励下，日渐显露"腹有诗书气自华"的。嘿嘿，在榕麟笔下，我表扬磊磊时，也是目光如炬、笑容如花的。发现美好，弘扬美好，人的外在形象就不会丑。年少的榕麟，似乎懂得人生哲学呢！

　　是的，我们要牢牢记住，要善于发现孩子的优点、亮点、闪光点，及时给予他们肯定与好评。

　　比如，有一天的语文早读，我走进教室，看见黑板的一半空间都被课代表写了"名句积累"，另一半空间则写了关于早读时间、早读内容的安排，还有给小伙伴的激励语。这不是我要求的，是他们自发做的。我表扬了这种人文做法。课代表便把这种做法变成了习惯。每一个语文早读，他们都按照前一天放学的安排，轮流早一点到学校，板书，领读，以此为乐，并开启新一天的学习生活。

每每我的课代表给我汇报学习情况，我总是启发他们："你们要有火眼金睛，先发现别人的优点，再指出其不足，这样既保护了对方，又宽慰了自己。"

课代表微微一笑。下课的时候，他们就追到我身后说：

"老师，今天谁谁谁作业好认真哦！"

"老师，某某某比昨天进步了呢！"

说这话的时候，孩子是多么欢快呢！

事实上，人不快乐的根源就在于，他的目光不够明亮，或者胸怀不够豁达，只看到黑暗与不堪，看不见明媚与温暖。

在梓妍笔下，我依然是人猫共同体。我有着三角形的猫耳朵、毛茸茸的爪和带着一点点豁口儿的猫嘴巴，却又长着人的脸颊和眉目。紫红头发和嘴角的痣，是我的标志，一直没变。

那是课堂一幕。

孩子们表演了《皇帝的新装》课本剧以后，意犹未尽，强烈要求分角色朗读《皇帝的新装》一文。

这便引发了一些趣事。

比如，两个"骗子"的座位不在一起，彼此有一定距离，而对话中，有的地方需要他俩齐读。这难免配合不好。发声不一致，自然显得凌乱。他俩就一下子慌了神儿。

我忍不住大笑：哈哈哈，两个"骗子"慌了！

梓妍是个观察家。我当众大笑的时候，通常掩口而笑。这样不至于在学生面前失态。梓妍画得又是多么可爱呢！她把我的猫爪画得胖乎乎、圆滚滚、肉嘟嘟的，真是让人看着看着就忍俊不禁了。

两位画者的作品都还不够成熟。但她们以孩子的视角观察我，以孩子的笔触描绘我，给我的生活带来了真实的感动。这，或许就是我全力以赴陪伴她们，几乎日日更衣的价值所在吧！

感谢孩子，感谢这一场美丽遇见，感谢这一程师生合作，感谢我从教 32 年来所遇到的这一段最特别的师生情谊。

不期而遇的好运啊，三十多年职业生涯中的意外惊喜啊，令我心潮澎湃。

我深爱的孩子啊，明天，我又要为你们穿新衣啦。

30.

我是有血有肉、有情有义的陪伴者

▶ 2018 年 12 月 8 日　星期六

这是榕麟为我画的第 30 幅画像，也是梓妍为我画的第 16 幅画像。

12 月 7 日，农历冬月初一，星期五，大雪节气，气温 -6~1 摄氏度。郑州的天空是皮灰蓝。

我穿了大红长款羽绒服，大袖管，同样大红色的高领羊绒衫，黑色毛呢风琴百褶半身裙。在两个孩子的笔下，我似乎挺时尚，很甜美。

我上完前两节课就离开学校了。匆匆赶到机场，前往合肥。走之前，与两个孩子相约，她们照常给我画像。放晚学时，她们把画像放到门卫室，我周六从合肥回来，到学校取走。我已经跟门卫闫师傅沟通过了。

当我周六晚上去学校时，为防止损坏，闫师傅把画像珍藏在一个小小的抽

WO SHI
LAOSHI
YE SHI
YONGYUAN
DE HAIZI 1

我是老师
也是永远的孩子

屉里。当他小心翼翼地从抽屉里取出画像给我的时候，我心里是多么温暖啊！学校是我安身立命的地方，在这片热土上，我几乎天天被感动着，学生、伙伴、同事，他们给我的太多太多。我无以回报，就把每个人当作亲人。

孩子们是多么有意思啊！她们用纸做成小袋子，把画像放进去装好，还担心我看不懂画面，在封面留言：

"这幅是您在板书的时候，有同学的水杯掉了，把您吓了一跳，于是您扭过头来看。榕麟"

这幅是您在讲《皇帝的新装》主旨句的时候。梓妍"

哦，有意思！

"咣！"学生的茶杯掉了，正在板书的我，一边扭头去看，一边小声说着"吓死我了！"——是的，我受惊吓时会情不自禁地说"吓死我了"这四个字。

榕麟极尽夸张，把我的眼睛画得大如铜铃，却没有黑眼珠，眼睛变成了白闪闪的两个圆。这样表达惊讶真是韵味无穷啊！

30幅画像画下来，我在榕麟笔下已经具备各种情态：微笑、大笑、扮酷、微愠、轻愁、无奈、一脸黑线、惊吓过度……

我不再是高高在上的说教者，而是一个有血有肉、有情有义的陪伴者。我的一举一动，一颦一笑，被一个12岁的孩子尽收眼底，牢记在心，通过笔端表达出来。她抓住了教育的精髓，那就是：老师不要摆出吓人的大架子，学生尽可以捕捉老师的特点，把他还原成一个真实的"人"。

我倏然有了使命感。我想起杜威提出，教育即生活，教育即生长，教育即经验的改造。是的，教育就是日复一日年复一年地过日子，时光里却又流淌着永不枯竭的爱与和谐。

在梓妍的笔下，我是一只可爱而又认真的"猫人"。她把我羽绒服的立领画得更加精致，羽绒服与羊绒衫的层次感也表达得不错。右手绿色与黑色混搭的石榴石手链也被她画了下来。我有个习惯，平常只戴一只纯绿玉手镯，出远门就多戴一串手链，玉石轻轻碰触时，发出叮叮咚咚清脆悦耳的声音，我便不再孤独，这给我的旅途带来轻松和愉悦。

这个细节，在我出发之前被梓妍发现了。

她说："老师手上多了一串手链呢！"

我伸出手腕给她看。她仔细观察。

玉石相配，晶莹剔透，又温婉柔和，煞是有趣。

我说："从古埃及时代开始，石榴石就被视为一种护身符。"

梓妍笑弯了眼睛："祝老师一路平安！"

于是，这一串手链，就在她的画上了。

画上的我，一脸孩子气——这正是我的毕生追求。我多希望自己越年长越有少年感。梓妍让我看到了这一点。

画面上，我饱满圆润的脸上满是天真，双目炯炯有神，伸出肉嘟嘟的食指，指肚上还有一个螺旋儿，我说："要做无私无畏、敢讲真话的人！"

是的，我讲这一句的时候，很动情。

因为，我记得我所崇敬的陶行知先生说："千教万教教人求真，千学万学学做真人。"

求真求实，无私无畏，是一个永葆童心的人必须具备的人格特质。这也是我矢志不渝的追求。

梓妍一定被我这句话打动了，所以，她把我说的这句话作为这一堂课最值得记住的句子画了下来。愿她也做这样的人。

当我一次又一次被这两个女孩抓住特点画下来的时候，我就会一次又一次怦然心动，感动不已。我们把教育过成了生活，多么美妙，多么幸运！

还有一点，我必须要对自己说：亲爱的，你穿红色衣服蛮减龄呢！"双十二"记得再添红衣，添福添喜哦！拉钩！

WO SHI
LAOSHI
YE SHI
YONGYUAN
DE HAIZI 1

我是老师
也是永远的孩子 1

31.

360 度无死角
活跃在学生的视线里

▶ 2018 年 12 月 11 日　星期二

　　这是榕麟为我画的第 31 幅画像，也是梓妍为我画的第 17 幅画像。时间是
12 月 10 日。

　　我穿橘红色外套、纯白衬里的短款连帽休闲棉服，黑色羊毛衫，黑色休闲
裤。这款外套上口袋和扣子特别多，还都是明线走针。我以为这得让她们画起
来费些神。其实不然，"难者不会，会者不难"，她俩很快就勾勒出来了。

　　好吧，我不懂画，不懂孩子的神力。我失算了，我甘拜下风，但我更替孩
子高兴。

榕麟画的是，我眼睛笑成了弧线，在说："烁儿的爸爸真是'中国好爸爸'呀！"这是怎么一回事呢？且听我慢慢道来。

课堂上，我讲到前一天的作业里的一道题：你的生活中一定有鼓舞你、抚慰你的人或事物，请你结合实际谈谈体验和感受。

烁儿说："每当我做错事，爸爸总是要把他自己小时候干过的各种糗事和错事翻出来。他用自己的亲身经历告诉我，犯错不可怕，错了就改，长大后就厉害了！"

我忍俊不禁，说："大家还记得吗？烁儿曾经写过一篇作文，说爸爸是给他带来烦恼的人；现在，烁爸爸摇身一变，又成了给他鼓舞士气的人。烁爸爸也是蛮拼的，为了儿子的成长，不惜爆料自己的黑历史——时而霸气，时而亲切，这样一个百变、多栖的人，真是中国好爸爸呀！"

哈哈哈，哈哈哈，孩子们大笑不止。烁儿也是笑弯了腰。

每个人的个性都有家庭的烙印。烁儿是个非常生动、非常典型的孩子，值得我们跟踪观察，跟踪记录。即便他已经在我的画像里高频出镜，但每一天的他都是新的，因此写起他我并没有倦怠感。希望读者朋友也有耐心跟读。对一个孩子持续分析、持续研究，才有可能抵达成长的深度和发展的厚度。教育就是走一步，再走一步，推进，推进，推进。从某一个学生的成长，也能看到一个班级的发展态势。更何况，我并不提示或者授意两个画者画什么、怎么画。存在即合理，毕竟我的使命不是训导，而是顺着事情的本源，陪伴孩子长大。

烁儿性格非常随和，思维自由不羁，一个动作、一句话、一个词，都能逗得他开怀大笑。他整个人时时刻刻都充满欢乐与喜气。这与他爸爸妈妈的教育、与他的家庭氛围有着密不可分的关系。

11日，第二节是我的语文课。烁儿早早就到办公室迎接我去教室。他无非是想陪我沿着走廊走一段路。他双腿并拢，移着小碎步走在我身边，声情并茂地跟我聊天，非常搞笑。他眉飞色舞地跟我说："杨老师，杨老师，您知道吗？

我数学也进步了呢! 满分 120 分的卷子, 我考了 103。我从来没有考过这么高啊! " 我为他高兴, 祝贺他不断进步。

语文课堂上, 烁儿的表现也还说得过去, 但没有前一段表现好。

下课时, 我悄悄跟他说: "烁儿, 你陶醉在成功的喜悦里, 有点忘乎所以了! "

他笑: "嘿嘿嘿, 我有点嘚瑟, 有点狂, 有点飘了。我改, 老师。"

烁儿对自己的认知与评析很准确, 反思也到位。我不由感慨, 烁爸爸给了儿子一个多么有趣味、多么有意思、多么有意义的青春期呀! 我也要向烁爸爸学习, 在孩子成长的过程中, 时常想着自己少年时代的成长历程, 理解孩子, 贴近孩子, 陪伴孩子。如此, 我也是中国好老师咯!

梓妍画的衣服, 色彩与做工, 似乎都更精确一些。

在梓妍笔下, 我说的另一句话: "面条君, 你的面条怎么断了呢? "

这得追溯到十几天前。那天, 语文课, 我正专注地讲课, 忽然发现坐前排的朴衡在玩胶带。他把一卷细细的胶带解开来, 折叠回环成 "M" 形, 在桌子上弄着玩儿。

我说: "朴衡, 你这是在做面条吗? 那好, 我尊称你为 '面条君' 吧! "

大家都笑, 朴衡也笑。后来, 我们时常叫他 "面条君"。

12 月 10 日的语文课, 我提问他读课文。他开始读得还算流畅, 真的有面条铺开时的流线感。可是, 他读着读着就读不下去了。大家都替他着急。我也忍不住笑起来, 说: "面条君, 你的面条怎么就断了呢? "

梓妍就记住这一幕了。她悄悄把它画了下来。

坦白说, 自从两个小姑娘给我画像以来, 我比以前严谨细致了。我知道, 有两个孩子, 不, 我所有的学生, 在观察着我, 记录着我的言行。不能修改, 不能掩饰, 不能粉饰, 不能停滞, 360 度无死角, 我所有的一切都呈现在他们的视线里。我是他们的老师, 或许, 我的一举一动, 都会对他们产生影响。

事实也的确如此。当我以春风拂面的愉快方式对待孩子的成长时, 孩子也会闪现出幽默智慧的火花。比如，昨天，《西游记》分享会，天明与埔鸣以《西游记》为素材说起了相声，欢喜逗乐中他们改编了名著原有的故事情节。"西游迷"任哥就提出异议:《西游记》可以说成相声，但相声不能篡改《西游记》。

《西游记》到底要怎样来读？任哥的这一句话，简明扼要，直戳重点。

青出于蓝而胜于蓝，学生比我更会表达。

同样是任哥，下课和小伙伴一起玩儿，小伙伴蒙住他的双眼。

他一边摸索着前进，一边说:"你们蒙住我的眼睛，我看得更清楚了。"

他说的时候，我恰好路过，我停下来为他这句意味深长的话点赞。

他说:"老师，这样的金句，我还能说很多呢，关键是得看我的语文老师是谁呀，我跟着杨老师学说话呀！"

哈哈哈，比我说得好，我对我的学生，肃然起敬。

我是一个怎样的老师？我要用怎样的言行引导我的学生成长？在孩子给我的画像里，都有详细而真实的记载。我把近 10 天的画像排列起来看了看，有一种神奇的感觉：时光流逝，岁月犹在。如此，我自当愈发自律、自爱、自信了。

感谢孩子。

WO SHI
LAOSHI
YESHI
YONGYUAN
DE HAIZI 1

我是名师
也是永远的孩子 1

32.

让孩子
在温和宁静的环境中纠错

▶ 2018 年 12 月 11 日　星期二

　　这是榕麟为我画的第 32 幅画像，也是梓妍为我画的第 18 幅画像。

　　我穿了一件黑色长款羽绒服，内配亮蓝色高领羊毛衫，下身穿一条牛仔裤，脖子上围了一条红黄蓝绿粉五色围巾。原本，我不打算戴围巾，这样更简洁大气，但考虑到两个女孩要画像，想着要为难她们，就选了一条五彩围巾。

　　她们都聚焦课堂。

　　课堂上的气氛是极好的。

　　孩子们都目光炯炯地看着黑板。

　　我好激动啊！

我慷慨激昂地跟孩子们说："看着黑板的眼睛都是会发光的！"

说这话的时候，我也是目光如炬，精神焕发。

是的，没错。孩子有强烈的求知欲，眼睛一定是会发光的。眼睛是心灵的窗户，目光明亮就意味着智慧被点燃。整个面部表情，甚而整个人的精神状态，都被带动得神采奕奕。

孩子每一天都在进步。这得益于他们有一个耐心的班主任光哥。我以一件事为例。有个女孩，很聪明，也很好动，她的妈妈对她不满意，给光哥发来微信：

陈老师，犹豫再三，还是决定与您沟通。我感觉您在教育学生方面非常细化，晚跑步、早读每天登记打卡，用秒表卡时演练收作业，中午很早就在教室里陪伴孩子，这些措施都是为了培养学生良好的学习习惯。但我感觉我女儿不是为了最终目的，而是图表面上的表扬。比如，她早上能早起不磨蹭了。但为了早起，她就光想早睡，虽早早写完作业（因为不写会罚"牌"），但很马虎，错题连篇，且不订正，我多次警告她错题订正最重要，要追根溯源把错误想法去掉，不然印在脑子里的都是错误想法，但她从期中到现在都未有太大进步。还有昨天我让她默写语文课文，她说默写过了，我让她拿出来看，她拿不出来，我坚持必须拿，她最后拿了两张小纸片，上面有用黄笔写的课文，我当即就明白了，让她解释为什么不光明正大默写在本上，而要用黄笔写在黄纸片上，准备干啥？这说明她学会做假了，并且她不让我检查数学对改（因为我要求在课堂上现做的练习，老师如讲题，要自行对改，错题要打"×"，写上"订"），昨天，我竟然看见她全打上"√"。我问她是否是上课老师对改的，她支支吾吾说不出来，我就明白：她全打"√"，为的是制造假象，让我认为是老师对过的答案，我就不再看了，她也不用再订正了。虽是第一次发现上面两种情况，

WO SHI
LAOSHI
YESHI
YONGYUAN
DE HAIZI

我是老师
也是永远的孩子 1

我感觉她在校学会的把戏多了。史、地、生更是一拖再拖，不订正。我很焦虑，她虽求我别发群里，但作为家长我不避丑，还是想跟您私下聊一聊。

光哥回复：

孩子有缺点，作为家长不要急，如果把自己的焦虑带给孩子，则会引起她的反感或焦躁。多发现她的优点，多肯定，多鼓励，孩子会一点点改变。教育需要等待。我看这女孩很要强，有上进心，在学习上悟性好，做事情风风火火不拖延，这些品质都很好呀！多发现优点，多赞美，再指出需要改变的地方，效果会好些。切记不要把焦虑传染给孩子，我们作为大人也要先慢下来，给自己的灵魂一个等待的时间吧！

女生的妈妈还是不放心，又继续发过来信息：

陈老师，很感谢您利用休息时间回信。孩子有上进心说明还没颓废，上周她气管不好，晚上睡觉像拉风箱，我让她晚跑步停了。但她说这次我不让她竞选班委，导致比班委少两张牌，要用跑步争取多挣点牌；她说陈老师中午很早就在教室坐着，我告诉她老师有家不回，陪你们也不易，她点头，有所感悟；她又告诉我竞选班委她虽然没参加，却帮别人出主意用英文写稿。她对这些无关学习上的事很上进，就是学习时怕麻烦，缺乏持之以恒的精神。原来我打她比较多，现在学习上的事，特别是学校学习的事像挤牙膏一样，半猜半诈地吓唬着跟她说。问她上课听讲没，她总说可认真，我也不好总问老师，有时我告诉她，我要跟着在教室后面看，以促进她好好学习。总之，这个孩子不太长记性。烦请老师在校盯得紧些。

今天，光哥把他俩的通信给我看。

他说："杨老师，您看我这样回复怎么样？"

我看了看他们的通信，想起来一件事。

有一天早晨，语文早读之后，我在家长微信群里上传了孩子们认真读书的照片。这位妈妈这样回复：

为努力学习的孩子点赞，为认真负责的课代表点赞，为爱心满满的老师们点赞！但是，提醒孩子别忘了在奋笔疾书的同时，注意写字的姿势，不然今后颈椎的疼痛和眼睛的近视会困扰你们哟！

我跟光哥说："可怜天下父母心，这是一个为了孩子考出好成绩而全力以赴的妈妈。一个优秀的学生背后，一定至少站着一个有心的家长。她女儿的成绩一直名列前茅，与她的严格要求分不开。不过，她有两点需要提醒：一是不要眼里只有考试和分数，毕竟孩子该有丰富多彩的青春；二是要看到孩子的亮点、闪光点，从正面入手，先鼓励，后指出其不足，自然会比她这样满眼都是缺点更能激发孩子的求知欲。你给她的回信写得很明白，很中肯。但愿她能静下来，慢下来，等一等。尽管惩罚也是教育中必不可少的方法，能起到一定的警示作用，但我还是愿意让孩子在温和宁静的环境下纠错、长大。世界上的恶性竞争都是焦虑情绪的产物。孩子的幸福感重于一切。"

关于这个女生的成长，我们讨论了许久。光哥当了二十多年班主任，心思细腻，正在向教育的深处探索。他带领的班级，正在日日进步。在光哥的带领下，他们越来越明白学习的意义。所以，孩子们上课时目光炯炯有神。

榕麟很善于捕捉。她把课堂上最美的一幕画了下来。

梓妍则画的是，孩子们追问我《风俗通》中"女娲祷祠神祈而为女媒，因置昏（婚）姻"里的"女媒"是什么人。

我灵机一动，拿邻座的两个男生嘉鹏和龙辉调侃："假如嘉鹏喜欢龙辉，又不好意思说出口，我来牵线搭桥，我就是做女媒了……"

孩子们觉得好玩，大笑，哈哈哈。

嗨，虽然我讲得有点尴尬，但"女媒"这个新鲜词汇还是给梓妍留下了深刻印象。她用画笔记录了下来。

我下午没课，应邀到惠济区做讲座，放学以后才回来。两个画者画完，把画像认认真真地收起来，装进自制小袋子里，放在门卫室等我回来取。她们在封面上工工整整写着"杨老师收"，又画上小人儿、小鸟儿、花朵等卡通画。哈哈，就连小纸袋的封面都被她们当作了画纸，沉醉其中，一定是幸福的吧！

祝福孩子。

33.
我希望孩子考出好成绩，但更尊重成长规律

▶ 2018 年 12 月 12 日　星期三

今天是"双十二"，榕麟为我画了第 33 幅画像，梓妍为我画的是第 19 幅。

我的着装是经典的黑白配：黑色羊毛衫，黑色休闲裤，羽绒服则是黑白混搭。买这款羽绒服，我是费了心思的。之前，我在网店一眼就相中了它：纯白的整体，黑白分明的仙鹤与圆点混合刺绣；帽子的系带也是黑白混搭，绾着一圈又一圈圆圆的结，据说这是今年最流行的帽带结；衣服前襟拉链上，是一连串的字母元素；白色方形口袋，有黑扣子做点缀；衣袖上有两道黑色贴布，运动范儿十足。袖口是 V 形罗纹收口。我买它，就是因为它处处都是值得画的点儿。为了买它，我连"双十二"都等不及就提前几天买，多出了二百块钱呢！还有呢，

我发现，我的红头发、黑痣，与这一身黑白配，相映成趣哦！

下课，我站在两位画者面前，让她们仔细观察，思考如何落笔。

她们反复观察，时而让我伸臂，时而让我转身，时而观察刺绣，时而研究衣襟。

我很配合。

可是，她们依然说："老师，你太狠了！给我们出难题！"

我哈哈大笑。我得意扬扬。我这样一个不懂绘画的人，为了促使孩子作画，我也是蛮拼的。

上课的时候，孩子们说，期末考试再有一个月就来临了。

我"恐吓"说："我呢，还有一个'撒手锏'没有启用，这个'撒手锏'也算是个阴招，这一招就是，如果你不努力，我就在大年夜打电话到你家：喂，×××的家长吗？"

我故作姿态，眼眉低垂，冷若冰霜。

汗，汗，汗，梓妍以前排同学头上的三滴汗珠来表现这莫大的惊讶。

榕麟则以调侃的笔触画出我一脸坏笑：最毒妇人心，老杨还有这招！

我忍不住大笑："哈哈哈，哈哈哈，哈哈哈，每一届学生，在寒假期末考试复习时，我都这样恐吓和调侃，但是，但是，但是，我……只是说说而已，从没落实于行动。如果大年夜我打电话到你们家，一定说的是：新年好啊！"

"嘘——"，孩子们长舒一口气。

他们说："就是嘛，老师不是那种人啊。"

彼此懂得，这就够了。我真正重视的，不是考试分数，是学习的愿望、兴趣、信心、状态、意志。至少近十年以来，我没有为孩子的考试成绩焦虑过。我当然希望孩子考出好成绩，但是我更尊重成长的规律。我愿意陪伴，愿意等待。

曾经，我也是一个全力以赴拼成绩的班主任和语文老师。学生考不好，我就发怒、痛苦，吃不下饭、睡不好觉、笑不出来，甚至正在吃着饭，或者半睡半醒之中，我都会猝不及防，潸然泪下。我也曾把自己毫无保留地交给考试。

后来，读了一些书，我渐渐变得内心敞亮，也不再焦躁了。对我影响最大的书是《陶行知教育文集》、克里希那穆提《教育就是解放心灵》、朱永新《我的教育理想》。这三本书，一直在我的床头，翻破了，翻烂了，再买，再翻。书中的很多话我能背下来，并且试着用之于教育实践。我慢慢知道，我当老师，是为了培养人——不仅仅培养学生，也培养我自己；不能死盯分数，死盯着成绩反而不出成绩。

对我有触动的，还有另外两个人。

一个是我的前同事亚娟。

2005 年，我从家乡调到省会工作，担任毕业班语文老师兼班主任。我想着，一定大干一场，带出一个成绩优异的班级，以证明自己的实力。当时班上的英语老师是亚娟，一个年轻貌美、小巧玲珑、长发飘飘的女孩。她 2003 年大学毕业就教这个班，跟班走到了九年级。她很努力，但是学生的英语考试成绩时好时差，有时候甚至在年级里最差。作为班主任，我很焦急。然而，亚娟从不生气。我观察发现，每一次考完试，亚娟都是一丝不苟地和学生一起评析试卷。我从来不曾听见她说："这个题我讲过八遍，怎么还会错？"我也不曾听她说："考得这么差，丢不丢人？"那时她很年轻，也许并没有什么先进的理念与合理的教法来做支撑，也许并没有想过要保持一个美女的修养，总之，她并不高深，而大概只是性格使然，或者，仅仅因为她是新人，没有杂念，没有功利心，她选择了不厌其烦、温暖得体地做老师。

这样的亚娟老师，成了孩子们心中的"女神"。有一个高个子的男生公开跟同学们表示他迷恋她。有人把这事告诉了她。她微微一笑，腮边浅浅的小酒窝特别漂亮。她温和却又斩钉截铁地说："他还小呢！会有人在恰当的年纪等他，但不是我。"

那个男生时常问她问题，她像对待别的学生一样，认真讲解，热情鼓励。

WOSHI
LAOSHI
YESHI
YONGYUAN
DE HAIZI 1
我是老师
也是永远的孩子 1

讲完，她优雅地转身。男生终于明白，这个温柔美丽的老师，似有仙风道骨，飘然而来，飘然远去，可望而不可即，也就收了心。

不以学生的考试成绩来证明自己教育教学的能力，她反而渐入佳境。

她打动了我。我也像她一样沉静下来，温暖起来。

2006 年，我班的毕业升学考试成绩非常出色，而且学生也都各有所长，各怀绝技。

时任校长的孙晓丽女士把这归功于我。在一次小型研讨会上，孙校长说："杨老师的班，为什么带得这么好？是因为她不着急。我想起来一件事，我婆婆做的红烧肉最好吃，我跟她讨教做法，她说，就是小火慢炖。杨老师的教育教学，就是小火慢炖。慢工出细活，我们应该向杨老师学习。"

我揭开事情的真相："谢谢校长的肯定和鼓励。我是跟着亚娟老师学的，不敢居功。我从亚娟老师不急不躁式的教学法中总结了一点：潜心培养'人'，而不要死盯分数。'人'培养好了，考试成绩不会差。"

2006 年暑假，亚娟老师离开了学校。为了爱情，她从河南嫁到了河北。临别时，我百感交集，既祝福她爱情修得正果，又为不能继续与她做同事深感遗憾。

还好，我从她身上学到的东西，慢慢内化为心灵的力量。我们共同教过的那个班的学生，每一次回母校来探望我的时候，都会说起亚娟老师，都对她念念不忘。这让我想起一句话"她虽已不在江湖，但江湖上还有她的传说。"亚娟老师，是我心头的一盏灯。

我还想起另一位朋友。

她是非常厉害的班主任。不管多乱的班，到了她手上，都迅速扭转逆袭，纪律和成绩都会发生翻天覆地的变化。她个头不高，身材苗条，面容清秀，声音纤细，看似柔弱，实则有着巨大的力量。一句话，没有她搞不定的"熊孩子"。

学生犯错，她从不请家长，都是自己处理，雷厉风行，毫不含糊。她说："爱不爱学习是孩子自己的事，请家长也没有用，反倒耽误我的时间。"

她非常敬业，处理问题从来都是快刀斩乱麻，没有一丝一毫的拖泥带水。

可是，她教的班，前期红红火火，后劲严重不足，过了从乱到稳的"转化期"，就表现平平，"泯然众人矣"。我想，这是速度太快了，缺乏深度的交流与沟通，也没有停顿、退让与等待，她一心"维稳"，却忽略了"发展"与"提升"——成长的本质，是唤醒、启迪、激发、帮助、陪伴、托举，每一个程序，都只有两个字，却蕴含丰富的内涵，需要花费大量精力和心血，以及宝贵的时间。她省略了太多。教育，是要一步一步走出来的。

再回到眼下。

期末考试时间已经公布，恰好还有一个月。希望这一个月里，我能妥善安排，"小火慢炖"，熬出一锅美味可口的"红烧肉"。

亲爱的孩子们，我因此而盛情邀请你们，与我同行，可好？

谢谢！

第六辑

这样的灵魂，

真有趣

我把老师
也当永远的孩子
WOSHI
LAOSHI
YESHI
YONGYUAN
DE HAIZI 1

34.
要把孩子看作一个灵魂

▶ 2018 年 12 月 13 日　星期四

　　这是榕麟为我画的第 34 幅画像，也是梓妍为我画的第 20 幅画像。

　　今天，是我们的国家公祭日。我身穿黑色羽绒服，搭配黑色休闲裤。我原计划再穿一件黑色羊毛衫，但一想，孩子们还要给我画像，着装上总得有些色彩，就改穿了红色羊毛衫。寒冬里，红色也是沸腾的热血与蓬勃向上的力量。

　　孩子们画得很仔细，羽绒服上横斜夹杂的绗线和为数不少的吸铁石纽扣，都被她们画了下来。

　　上课时，我先谈了国家公祭日的由来，鼓励孩子们爱读书，多思考，对民族发展要有担当。说着说着，我就说到了他们近来的进步。相比较批评与惩罚，我更愿意采用鼓励法。

我眼睛笑得细长，手舞足蹈地说："比如，任哥就常爆金句……"[1]

孩子们对任哥爆金句反应很强烈。他们也都跃跃欲试，也想爆个金句来展示才华。这时，榕麟举手了。我问她有什么话要说。

她说："同学们，我知道，你们都有很多金句，都想被杨老师听见并且写下来，这好办！你们上课积极举手发言，我就把你们的话写到杨老师的画像上。"

榕麟是个秀气美丽的女孩儿，声音也纤细动听。她的话，在安静的教室里，弥散开来，像山涧溪流，缓缓流淌，十分美好。

我是多么激动呢！这是懂老师，也懂小伙伴的公正无私的女孩啊！她才12岁，还没有学过心理学、教育学、哲学，但她懂得人心，也懂得成长。

我想起周国平谈到自己的女儿啾啾时曾说："至于在我们之间，谁是老师，谁是学生，还真分不清楚，我只能说，我从她那里学到的，绝不比她从我这里学到的少。"我对于榕麟的感觉，和周先生对女儿的感觉是相同的。

周国平还说："从根本上说，就是要把孩子看作一个灵魂。"当我们把学生当作一个有独立人格的个体，而不仅仅是当小孩子来看的话，我们就会看到很多或有趣或智慧的灵魂，也会学到更多的东西。

夜晚，我的课代表诗乔给我打了近50分钟的电话。

她说："老师，您以为只有大人才懂得哲学吗？不是！我们也懂得。只是大人总是把我们当不懂事的孩子看，忽略掉了我们的金言妙语。如果您能关注到我们的内心世界，您就会发现我们已经不是传统意义上的小毛孩子了。我们有着比大人还要丰富的内心世界。相反的，大人们都活得太过简单和粗糙了。大人总是要求我们做听话的乖孩子，却没有想过把我们培养成为有思想、有能力的少年。大人比孩子要活得悲哀。我们常常懒得去理睬大人，因为我们说了，大人也不懂。我们很无语。宁肯把自己的想法跟同龄人分享，或者写在QQ的

---

[1] 作者注：画面上的这句"你们蒙住我的眼睛，我看得更清楚了"，我在榕麟第31幅画像里写过，这里不再赘述

WOSHI
LAOSHI
YESHI
YONGYUAN
DE HAIZI 1
我是老师
也是永远的孩子 1

'说说'里，也不跟大人说。"

我在电话的这一端，静静地听着，一句话都不说。

她听不见我的声音，叫我："老师，您睡着了吗？"

我赶紧说："哪能睡得着？"

真的是振聋发聩！他们这一群 2005 或 2006 年出生的孩子，和我以前教过的，即便是上一届的 2002 或 2003 年出生的孩子，也已经不一样了。我们该怎样与学生交流，该怎样陪伴他们成长，这是个难解的新课题。唯有不断更新自己，认真聆听孩子的心声了。经验已经不能解决大多数问题了。这样也好，时时更新，可以保持年轻的状态和良好的心态。

梓妍对画像的着墨，比榕麟画的更浓重一些，黑红配色更鲜明。还是一贯的猫耳人脸，只是，仓促之间，她少画了嘴角的那颗痣。

她画的是，我眼睛溜圆目光炯炯地在问："阿泰哥，你怎么戴个小口罩呢？"

课堂上，我发现坐在窗户边的阿泰哥和别人不一样。他戴着蓝色的小口罩。我担心他是生病了，想问问他需不需要给家长打电话来接。

他是这样回答我的："有人说教室里暖气太热，上课要开窗子，我恰好坐在窗户边，怕有雾霾，就戴了口罩。"

我笑了："阿泰哥你懂得照顾自己，非常棒！不过今天你尽管放心，我每天都查天气预报，今天空气质量良好。"

哦，每天给孩子们播报一下天气预报和空气质量也挺好，或者让孩子放心地在室外活动，或者提醒孩子戴好口罩，注意防护。给孩子一颗定心丸，老师也更安心。

从阿泰哥这件事，我也想到，课堂上，不管发生什么事，都不要贸然批评，要先询问，再解决，这样我们的教育就充满了人文关怀。尊重与关爱，是教育永远要遵守的法则。

老师的心思越细腻，孩子的幸福感就越强。

谢谢孩子，祝福自己！

35.

有了成长愿望的人，
会神力附身

今天，榕麟为我画了第 35 幅画像，梓妍画的是第 21 幅。

我穿着一件长款中式薄棉衣，纯拼接，一件衣服有红、黄、绿三色，其中两只袖管色彩都不一致，左绿右红，不对称。小竖领。衣襟上是整齐的方形中式盘扣。

她俩一看见我这衣服，第一反应是："哇哦，颜色不好调！"

我窃喜不已。变着法儿穿衣，给两位敬业的画者出难题，是我的良好习惯。哈哈哈，我要开怀大笑几声，作为对自己的奖赏。

课间，她们开始涂画。

WOSHI
LAOSHI
YESHI
YONGYUAN
DE HAIZI 1

我是老师
也是永远的孩子一

我的天，哪有那么难！她们用了三个课间就画好了。

我很好奇，凑过去看调色盘，缤纷鲜亮，赏心悦目。好吧，小小的调色盘，就是她们的聚宝盆，她们在这一格又一格小小的调色盘上，调试、重组，一笔一画为我创作了几十幅画像——着装不同，表情不同，语言不同。每一幅画像背后都有故事，或感人，或调侃，或曲折，或简单……小小的调色盘，就是她们创作的源泉。

我怀着虔诚的心，给调色盘拍照，留作纪念。许多年以后，我们回忆这一段往事，这调色盘触手可及，平淡的日子有了色彩。

这一次，她们画的是我在上《杞人忧天》这一课。

我问：有人说杞人忧天是"天下本无事，庸人自扰之"，是完全不切实际的担心；也有人说，这是一种强烈的忧患意识，你们怎么看？

有四个孩子，同一时间举手，他们都同意第二种观点。

新语说："生于忧患，死于安乐，我们应该有忧患意识。"

超凡说："积极思考，敢于发问，考虑周全，有什么不好呢？"

怀恩说："杞人忧天是有一定道理的。人不能只是稀里糊涂地活在当下，还要防患未然，未雨绸缪。"

奕晗说："古时候科学不发达，人们缺乏天文知识，杞人担忧自己的人身安全，也是人之常情啊！"

要说这四个人呢，平时都不在语文课上主动发言，怀恩是数学王子，超凡是内向先生，新语是寡言男生，奕晗则是百变小姐姐，这一节课上，他们都表现出学习语文的热情，我是一定要鼓励的。

我说："你们是'四大天王'啊！"

就这一句话，还有点幕后花絮呢！

榕麟画前就跟我说："这一次，我让您一下子写四个人的金句。"

我以为，她要画出那四个人。

然而她没有，她只是以话代画。她特意把"四大天王"四个字加粗，使之醒目。

我不懂画，不敢妄加评论，我很想知道，她这么做，是有才，还是取巧呢？

梓妍的画，内容跟榕麟的很一致，也是关于"杞人忧天"。不同于榕麟的"四大天王"，她只取新语一人来画。

平日里，两个孩子为我画像，我从不授意，也不提示，自主权全在她们手里，美了丑了，笑了哭了，都看她们的了。有时候，她俩画风一致，有一些交汇点，就像这一次的两幅一样；有时候，她们的画风相去甚远，各有其独特的表达。我从没有要求她们是风格统一或者截然不同。一切随她们。创作者的思维，必须恣意舒展，坚决不可去限定或者强加。她们怎样画，我就怎样顺着她们的画意来写作。每一周的工作日，我们仨都在互相陪伴、互相吸引的状态下完成图文创作，一节课，一整天，一个月，即将两个月，教育与成长的每一个过程点，都被我们自由地表现出来。尊重事实，保护教育与成长的真相，是我们合作的目的。不美化，不丑化，不虚化，是我们的共同表达。这使得我们内心坦诚，自由自在。我相信，这一段时光，这些图画与文字，在我们的生命中，都具有永不磨灭的印记，有着珍贵的价值。愿我们持之以恒，把"学生画、老师写"做出特色与境界。

每一天，都和前一天不同，却又和前一天一样精神饱满，激情澎湃。这平凡而火热的生活啊，赋予我们一种特别有趣、特别有爱、特别有料的使命。这似乎，已经不是生活，而是一种运气。

因为画像，我更懂得爱每一个孩子了。

以烁儿为例——是的，我又要说起他，因为对一个孩子的持续跟踪，会看到成长的经验与不足，哪里是节点，哪里是难点，哪里是入口，哪里藏着秘籍，都有据可查。对于我来说，烁儿他不仅仅是一个人，也是一个成果。他的成长，是我自己的教科书式的教育案例。我也很希望他的成长对大家有参考价值。是

WOSHI
LAOSHI
YESHI
YONGYUAN
DE HAIZI 1
我是老师
也是永远的孩子一

的，一个人的成长，能够折射出一类学生的心理诉求与精神需要。

他刷新了我的教育记录。他曾是开学第一天就被请家长的辨识度极高的"熊孩子"。随着他在两个画者的笔下多次出镜，他已经由最初特别好动的"皮皇"变成了用心的少年。他在主动长大，日日更新。比如，他晚上回到家后，用微信语音功能读书给我听，他能一口气读课文 50 行，不添字，不改字，不错字，不漏字。这需要高度专注的状态才行。我告知小组记分员，给他 +5 分。

他很有成就感，一鼓作气，第二天又读了 40 行。

我认真听了以后，给他留言——

烁儿，你很努力。我很高兴，但是，我需要说明：

1. 读课文时也要读标题和作者；

2. 你读错了两个词，分外（fènwài），称职（chènzhí）；

3. 你有一处重复读了；

4. 这次不能加分。不好意思，亲爱的，我得坚持原则。

在和孩子相处的过程中，我发现，要求孩子重做或者指出其不足的时候，语气要亲切委婉，态度要坚定不移，这样，孩子乐于接受，也不至于尴尬。比如烁儿专心致志、口干舌燥读了 40 行，我不能以简单粗糙的"不加分"三个字草率回复，而要跟他说"不好意思，亲爱的，我得坚持原则"。

他反应如何呢？

他说："好！"

然后，他发了一个大口吐血的表情。

他依然是一个热爱学习的少年。

今天，轮到他讲《西游记》。他走上讲台，滔滔不绝，口若悬河，还时不时把书中人物与小伙伴牵连起来，比如，他说美猴王听见有人唱歌很大声，跟诗鸿同学的音量有得一拼……

他获得了小伙伴的热情鼓励。

可是，他说："等我一下，我嘴唇在发抖，这是我上学七年以来第一次站在讲台上说话，好紧张，为了讲《西游记》，我在家对着镜子练了二十多遍。"

哗哗哗……大家报之以雷鸣般的掌声。

他再次刷新了我对孩子的认知。或许，"熊孩子"的内心也有着热烈的向往与追求，我们不可以对一个孩子的言行简单地下结论，而是要以多元视角看到他们成长的愿望，并及时地予以激发、陪伴与帮助。

当我把这个想法跟孩子们分享的时候，有人说："老师，您知道吗？烁儿个子那么小，跑步已经进步到班级前五名了！"

哦，有了成长愿望的人，不管是大人还是孩子，都会神力附身，无所不能。

对于烁儿来说，他进步的契机就是榕麟和梓妍把他和我一起画了像。那么，我要对两个画者道一声：谢谢！

我是老师
也是永远的孩子 1

WOSHI LAOSHI
YESHI
YONGYUAN
DE HAIZI 1

36.

课堂若有诗意，
眼前便是远方

▶ 2018 年 12 月 17 日　星期一

这是榕麟为我画的第 36 幅画像，也是梓妍画的第 22 幅画像。

早起，看看天气预报，气温回升，最高温度到 15 摄氏度了。于是，我穿了
冰玉粉小竖领轻薄羽绒服。

来到学校，两个画者一见我就笑了。这种单色衣服好画啊！她们把打底的
灰白条纹毛衣也一并画出来了。还好，两者挺搭。我记得网上看到过一句话：
打底穿不对，再好的外套也白费。所以，每天着装，我都要考虑一下搭配。

这一节课学的是李商隐的《夜雨寄北》。

大家对李商隐并不陌生，河南老乡嘛！

　　李商隐，约 813 年至约 858 年，字义山，号玉溪生，又号樊南生，祖籍怀州河内（今河南省焦作市沁阳县），出生于郑州荥阳，大约 46 岁那年，李商隐病故于郑州，葬于他的出生地荥阳。荥阳有李商隐公园和刘禹锡公园，每年清明前后，学校都要组织七年级学生前往此地举办诗会，表达缅怀。

　　李商隐是晚唐著名诗人，和杜牧合称"小李杜"，又与李贺、李白合称"三李"，与温庭筠合称为"温李"，还因其诗文与同时期的段成式、温庭筠风格相近，且三人都在家族里排行第十六，故并称为"三十六体"。

　　李商隐是晚唐乃至整个唐代，为数不多的刻意追求诗美的诗人。他的爱情诗在中国古典诗歌中独具特色。

　　比如《夜雨寄北》：

　　　　君问归期未有期，巴山夜雨涨秋池。

　　　　何当共剪西窗烛，却话巴山夜雨时。

　　这首诗，《万首唐人绝句》题作《夜雨寄内》，"内"就是"内人"，妻子。现传李诗各本皆作《夜雨寄北》。有人考证，此诗是作者于大中五年（851 年）七月至九月，入东川节度使柳仲郢梓州幕府时所作。那时诗人妻王氏已殁（王氏殁于大中五年夏秋间）。为此，也有人认为此诗是诗人寄给长安友人而非妻子的，甚至有人直接点明是写给友人温庭筠的。但李商隐入梓州，与其妻去世，均在大中五年夏秋之际，即使王氏去世居先，义山诗作在后，在当时交通阻塞和音信难通的时代，"北"即妻子也是完全可能的。

　　我认同这种说法。但我没有直接告知，而是让孩子们自己去思考。

　　英雄所见略同，孩子们和我想法一样。为了确认这一点，二班的子昂给出了这样的证据：剪烛花是个细致活儿，古代一般由女性来做。妻子剪，丈夫陪，体现"共剪烛花"的温馨浪漫意境；换作两个男人粗手大脚共剪烛花，则是好

WOSHI
LAOSHI
YESHI
YONGYUAN
DE HAIZI 1
我是老师
也是永远的孩子 1

尴尬的事情。

哈哈哈哈，我们都大笑起来。子昂言之有理。我们的眼前就有了这样的故事情节：李商隐的妻子是泾原节度使王茂元的女儿王晏媄。俩人伉俪情深。李商隐外出谋生时，她已病入膏肓，自知来日无多，唯恐生离死别，去信问丈夫归期。可谁知，山水相隔，蜀道甚难，家书辗转数月才到诗人手里。诗人思妻心切，归心似箭，却不能确定归期，又逢秋夜秋雨，诗人心潮起伏，提笔即兴写来，28字，尽写刹那间情感曲折变化。一首七绝，情景交融，虚实相生，既包含空间的反复对照，又体现时间的回环跳跃。言简意丰，妙不可言！

这28字，越玩味越深感其精美绝伦。

巴山，在唐代的另一河南籍诗人刘禹锡笔下是这样的："巴山楚水凄凉地，二十三年弃置身。"凄凉之地，冷风苦雨，寒入骨髓，相思更苦。然而，李商隐笔锋一转："何当共剪西窗烛，却话巴山夜雨时。"温馨浪漫的画面立刻取代凄苦相思。巴山夜雨、满池秋水，尽是诗意，浸透深情，情景交融，臻于完美。难怪桂馥感叹："眼前景反作后日怀想，此意更深。"徐德泓在《李义山诗疏》里给予高度评价："翻从他日而话今宵，则此时羁情，不写而自深矣。"

近体诗，一般是要避免字面重复的，这首诗却有意打破常规，"期"字两见，"巴山夜雨"重出，并无单调之嫌，反而曲折深厚。内容与形式完美结合，令人回肠荡气，余味无穷。

千年之后的今天，我们再读此诗，不禁唏嘘。那一日，诗人在巴山夜雨中遥望幸福，而幸福终究没能在现实里落脚。妻子已是撒手人寰，天人永隔，丈夫还浑然不知，深情遥望，实乃震撼人心，却也给人启迪与希望：即使在巴山夜雨那样的愁苦中，即使是在遥遥无期的等待中，幸福，也是可以眺望的。

李商隐的诗歌，尤其是他的爱情诗，对后世产生了很大的影响。晚唐韩偓，宋初西昆诗人，宋朝王安石，清代黄景仁、龚自珍，在诗风上均受其影响。唐宋的婉约派词人，明清的许多爱情剧作家，也都不断地向他学习。

尤其有意思的是，比李商隐年长 41 岁的唐代诗人白居易曾对李商隐说："我死后，得为尔儿足矣。"意思是，"我死了以后，能够做你的儿子就满足了"。足见白居易对李商隐的欣赏与赞美。

后来，"巴山夜雨"渐渐演变为一个成语。

1980 年，由河南信阳人叶楠编剧，吴永刚、吴贻弓导演，李志舆、张瑜主演的电影《巴山夜雨》，获得第一届中国电影百花奖最佳故事片奖，叶楠获得最佳编剧奖。

我特意在网上找到这部电影来看，真是堪称经典，金句爆满，内容深刻。在这部电影里，"巴山夜雨"既指人心的醒悟，也指人在绝境中充满生命与生活的希望，比眼下粉丝经济票房电影高明多了。

这些，都是我跟孩子们分享的。在一班，说到"共剪西窗烛"时，我转述了二班子昂的话。正在这时，我看见两个男生，点点和埔鸣，一对曾经的老同桌，越过众人的头顶，眉来眼去，我说："要是点点和埔鸣共剪西窗烛……哦，两个男生，是不可能的。"

哈哈哈，孩子们都快笑出眼泪了。

说也奇怪，我说了那么多话，有不少有诗情画意的，可是这两个画者，没有画，她们画的都是"共剪西窗烛"。也许，是当时大家笑得太任性，给她们留下深刻印象；也许是青春期的孩子，对异性交往比较好奇，总之她俩在我的画像上都写了这句话。

课堂上，孩子们的分析也是很有意思的。

比如，有人评析"何当共剪西窗烛，却话巴山夜雨时"：

1. 用问句，加强语气，强烈表达渴望重逢和展望未来的感情。

2. 虚实相生，亦真亦幻，润泽心灵……

我惊讶于孩子的智慧。我想，我们以后要常上诗歌点评课，慢慢引导，细细品味，带领孩子们抵达诗和远方。

WOSHI
LAOSHI
YESHI
YONGYUAN
DE HAIZI 1

我是老师
也是永远的孩子一

37.
世界上有一种
最美的语言

▶ 2018 年 12 月 18 日　星期二

今天，12 月 18 日，改革开放 40 周年纪念日。我所敬仰的 90 岁高龄的于漪老师获得"改革先锋"奖章。她是获奖的 100 人中唯一的基础教育界代表。在这激动人心的日子，榕麟为我画了第 37 幅画像，梓妍画的是第 23 幅。

看过天气预报，天气继续转暖，我脱掉羽绒服，穿了一件粉绿色竖毛领中长款羊毛大衣，内搭一件浅色薄款毛衫，下身穿牛仔裤。

当我走进教室，榕麟欣喜地说："啊哈，终于穿了一件好画的衣服。"

她又摸了摸我的袖管，没有说话。我知道她担心我冷。榕麟是个体贴的女孩，我懂她，就像她懂我。我享受着她的关怀，也不说话。世界上有一种最美的语言就是，你不说，我不问，我知道你的心思，你知道我懂你。

梓妍也笑呵呵地来摸我的衣服。

我伸直手臂，转了一个圈圈给她们看。梓妍的眼睛，笑成一道美丽弧线。我真的觉得，这个喜欢画猫的女孩，也像一只猫咪，比如她笑的时候眼睛眯成弧线，很有猫的感觉。

梓妍没有带全颜料。

她用手指在空中画了一个很大的方形，她说："我的颜料装在这么大的盒子里，不好带。"

她和榕麟共用颜料。但她俩的上色并不完全一样，都是粉绿，但榕麟偏翠绿，以紫红色头发映衬；梓妍偏粉，辅以褐色猫头、猫耳朵，她俩的画各有特色，却又都显得清新脱俗。这件大衣是女儿和女婿为我精挑细选的礼物，他们看到这两幅画时一定会高兴的吧！

我跟她们预告，19日我将要穿一件橘红色民族风羊绒大衣。

榕麟轻轻说："您穿什么都可以，只要您不冷就好。"

亲爱的孩子，寒冬里，有你，就够暖。

我握了一下她的手说："我不冷！"

榕麟画的是我在为一个女孩竖起大拇指：语婧，点赞！

榕麟把语婧的"婧"写成了"静"。

语婧何许人也？

一个聪明活泼的女孩儿，一个上课时"语不静"的女孩。课堂上的许多时候，她不是在笑就是在说话。

我曾无奈地说："语婧，语婧，意思就是一个爱说话的有才德的美好女孩儿。你爸爸妈妈当初给你取这个名字，就知道你长大后话多吗？"

咯咯咯，语婧嘴角上扬，露出一排洁白喜庆的牙齿，笑出了声。好吧，每一个孩子的成长都需要等待。

课前抽签背美文，恰好抽到语婧。她站起来，不慌不忙地背诵李白的《将进酒》：

君不见，黄河之水天上来，奔流到海不复回。

君不见，高堂明镜悲白发，朝如青丝暮成雪。

......

豪饮高歌，借酒消愁，失望与自信，悲愤与抗争……语婧以流畅自然的语速，跌宕起伏的语调，充沛饱满的情感，演绎出诗人豪迈洒脱的情怀，加上简单的赏析，给整堂课开了个好头。我情不自禁为她竖起大拇指，为她点赞。

语婧开心地笑了。或许是她感染了榕麟，也或许是榕麟善于捕捉机会，总之她把我对语婧的肯定与鼓励画了下来。

老师点赞，小伙伴画录，这双重的鼓励，似乎真的帮助语婧在 40 分钟之内长大。整节课她都没有再说话或者呵呵笑。我常常想，榕麟与梓妍的画像，是在无声之中为我的教学助力。她们不是我的课代表，没有参与收发作业，没有督促检查小伙伴的早读听写，没有参与编排课本剧，但她们的每一幅画像，都有无限契机，制造出成长的无限可能。

比如，16 日榕麟画了"四大天王"，梓妍单独画了新语。新语就在 18 日夜里给我来信：老师，能把我的画像发给我吗？谢谢！

我把画像发给新语。

我说："新语，你和我一样，也是喵哦！"

新语多么高兴啊！他说："老师，我会一直关注您的文章的！"

我又是多么愉快啊！新语本来是一个害怕语文的男生。

刚刚开学的时候，我们曾有一次相遇。我在 9 月 12 日的日记里这样写道：

早晨，我大踏步走在上班路上，超过一个又一个早行人。

突然，身边有个声音叫我："老师！"

我转身一看，是我的新学生！脸儿我认得，但名字记不得了。开学第二周，我已经基本认出人脸，孩子坐在座位上我也能叫出些名字，离开座位，大多数名字我叫不出。

眼前的这个孩子，很熟悉，但我就是想不起名字。

我跟他道歉，告诉他我想不起他的名字了。

他说出了自己的名字，新语。

我想我是彻底记住了。

他说："老师，您又换衣服了！"

哇，孩子的眼睛真亮啊！我每天都换衣服，一周衣服不重样，他都发现了！他喜欢我，才有这样的发现吧！

我得意地告诉他，我还有好几件新衣没有穿哩！

他说："老师，我们都知道您是名人，要见不同的人，衣服肯定不能都一样！"

我的天呐！他给了我一个多好的败家理由！爱死他了！

他说："老师，我喜欢数学，语文学得不好。"

我说："你有很好的观察能力，又善于表达与沟通，怕什么呢？一定能学好！我相信你。"

关于教育，我一向相信信任的力量，即便他没有这样的观察能力与表达能力，我也相信孩子的成长有无限可能。

他笑了。

过马路的时候，我牵着他的手。

他说："老师，谢谢您！"

他本来可以独立过马路。可是我想，一个刚上初中的孩子，还有

WOSHI
LAOSHI
YESHI
YONGYUAN
DE HAIZI 1
我是老师
也是永远的孩子 1

点懵懂与迷茫，对老师还没有完全打开心扉，他需要我手心里的那一丝温暖。也许我的这个小动作，就能缔结一种好的师生关系。

我也曾经鼓励他，他也在努力。可是，口头鼓励终究抵不上把他画下来、写下来。自己的故事被人记录下来，他自然珍惜，所以他索要画像做纪念。每一个孩子，都有自己成长节点，有时候，我们需要寻找很久才找得到。榕麟和梓妍在用她们的画笔，帮我寻找、挖掘、打开这些通道。谢谢孩子。

梓妍画的是我和孩子们在课堂上赏析陆游的《十一月四日风雨大作（其二）》：

> 僵卧孤村不自哀，尚思为国戍轮台。
> 夜阑卧听风吹雨，铁马冰河入梦来。

孩子们把诗人老境凄凉与痴梦报国表达得淋漓尽致。从他们的朗读和赏析中，我能准确地了解到，68 岁的陆游老病窘迫，处境悲凉，但依然拥有满腔热血和一颗赤诚忠心！

我感慨："小孩怎么对大人的情感这么清楚呢？"

梓妍画下来的，就是这个场景。我写这一段文字的时候，依然感觉到南宋陆游以及 21 世纪的少年的爱国热情扑面而来，转化为我的美好情愫。

于漪老师说，她获得"改革先锋"称号，是基础教育界同人的光荣，是对教师职业的肯定。宽厚仁慈的于漪老师，把一个人的成就归功于一种职业，这对我们是莫大的鼓舞。

于漪老师还说，一辈子做老师，一辈子学做老师——向前辈致敬！从教路上，我将永远年轻，永远热泪盈眶。谢谢。

38.

课代表工作例会
也能开得有模有样

▶ 2018 年 12 月 19 日　星期三

今天，榕麟为我画了第 38 幅画像，梓妍画的是第 24 幅。

这一天，比前一天寒凉，我本想穿厚一点的羽绒服，可是，为了兑现前一天与画者的约定，穿了橘红色民族风羊绒大衣。衣服有大毛领，衣扣是迷你版中国结。犹豫了一下，出门之前，我加了一件功能保暖背心。到了学校，不冷了，并且微微出汗。解开衣扣，冷风吹来，受了寒，鼻塞，似乎要感冒了。

前两节没课，拼命喝水，努力休息。第三节上课前，我已经精神抖擞了。

正式上课前，课代表汇报各组查作业的情况。烁儿那个组只有伯阳没完成。

　　这有点奇怪。伯阳是班长，一个又高又帅的男生，拥有着深邃的双眸、白皙的面庞和忠厚的面相。平日里开展活动，出力干活，他都是一马当先，冲锋在前，任劳任怨。班上同学也都很拥护他，有人私下里跟我透露，不少女生对他有好感。小伙伴称他"国民老公"。好吧，真的是这样，孩子们真的是叫这个12岁男生"国民老公"来着。

　　起初，我以为他是体育特长生。他说："不是，我就是个普通学生，除了个子高，没其他特长。"哈哈，还挺幽默。可就是这么个近乎完美的班长，今天竟然是全组唯一没有完成作业的人。

　　榕麟画的很传神：我听了烁儿的汇报，眼里闪烁着疑惑的光，说了一句"这个班长好奇怪哦"。

　　烁儿想了想说："可能是这样的：昨天我在黑板上布置作业时，已经放学了。班长带领同学们下楼跑步了。他大概是跑步回来也没有留意我的板书，所以就没写。等一会儿他回来，我调查澄清一下。"

　　我们谈论这个话题的时候，伯阳不在教室，下楼踢球了。他匆匆忙忙回来后，把作业给我检查。他已经补齐了。

　　我为我的课代表感到欣慰。他们不偏袒，不护短，也不妄下结论，而是为一份作业深入调查。他们敬业乐业的精神和科学的工作方法令我很开心。

　　他们是善于思考的少年，尤其有一个好的总课代表小乔。我们叫她"乔总"。"乔总"每周五都给课代表召开工作例会，总结本周语文学习情况，预排下周工作。有一次，我旁听了他们的例会，感觉像模像样，很有意思，不信，你听——

　　诗乔说："课代表要有角色意识，要记得肩负的责任与使命。课代表还要揣摩同学们的心理，谁需要鼓励，谁应该警醒，课代表得做到心中有数。"

　　琪琪说："如果组员不积极，得想办法激发他们，鼓励他们，多发现他们的优点。发现一个优点比指出一个缺点更给人力量。"

　　诗鸿说："要深入调查，发现组里有哪些人作业爱空题，主动给他们讲解，组员就能保时保质保量完成作业了。"

烁儿说："语文学习不应该枯燥乏味，课代表要善于营造快乐环境，吸引同学们的学习兴趣。"

"乔总"总结："1.要把语文学习活动搞得丰富多彩，比如每个早读办简易板报，写激励语。2.排练课本剧，课代表要身兼数职，编剧、导演、演员、道具师，样样精通，事事关心。3.早读的默写条要回收、复核，不合格的打回去，责令重新订正。4.课代表之间，要精诚合作，也要保持自己的特色，各司其职。"

呵呵，是不是很有范儿？好吧，关乎成长，从来没有小事。

我见过"乔总"督促俊言努力学习，上午放学晚走，下午课前早到；我见过诗乔逐人过关，有理有节；我听过琪琪说，"我们组今天作业全齐了，谁谁谁写得很好，谁谁有了很大进步"；我听见诗鸿说，"我们组同学的作业人人过关了"；我听见烁儿说，"老师，我今天布置作业加福利了。谁写得好，就可以加1分"，我还见他给同学们出谜语和歇后语，让大家玩玩文字游戏，胜者加分。

在梓妍笔下，我说，烁儿变聪明了！我这圆圆脸的喵老师，憨态可掬哦！

这是怎么回事呢？烁儿之前经常在晚间通过微信读书给我听。12月14日那天，他一口气读了40行，却错了两个字，我没有给他加分。今夜，他跟我商量说："老师，我一次读10行给您听。如果错了，您就指出来，我重读，免得读得口干舌燥，前功尽弃。"这是一个好办法。我后来想了想，烁儿40行错俩字，不该4分全部扣完，应该扣2分。好在烁儿并不计较，继续读书。并且，他读起来更有信心、更流畅了。烁儿在南方出生并在那里度过童年时光，舌尖音和鼻韵母时常读不准，但是，得到了鼓励的孩子，愿意一遍遍地重来。

我希望孩子们也能学到他的精神，就在班上讲了"烁儿变聪明了"的故事。孩子们感觉有动力。梓妍画出来了这个场景。真好。谢谢孩子。晚安。

WOSHI
LAOSHI
YESHI
YONGYUAN
DE HAIZI 1

我是老师
也是永远的孩子 1

39.

师为画己者容，
生为己画者慧

▶ 2018 年 12 月 20 日　星期四

　　这是榕麟为我画的第 39 幅画像，梓妍画的是第 25 幅。

　　今天，是澳门回归纪念日。我穿了一件连帽迷彩羊毛大衣。嗯，我也是蛮敬业的。作为模特，为了两位画者，我在着装上不厌其烦地做着各种尝试。过去，我从来没有穿过迷彩装。买这件衣服的时候，我也犹豫过，曾经三问自己：一个半百妇人，还敢穿迷彩装吗？还能穿迷彩装吗？会不会被人调侃？答案是"三不"，不买，不穿，不惹争议。

　　于是，放弃。可还是，念念不忘。第二天下班回到家，我又到网上找到这件大衣，看了又看。

迷彩元素是今冬流行色，也显活力。真想一试。必须一试。再说，在画者笔下，我是百变老师，哪能缺少流行色，怎可不时尚？得，咱换个"三不"观念：不管，不顾，不怕别人戏谑。

是的，我善于跟自己和解，跟生活和解，也越来越不惧怕别人的非议。再不疯狂就老了。于是，下单。

我穿着这件大衣来上班，一个孩子看见我，惊呼："哇！老师，您从军营里来的吗？"好，我有底气了！说明孩子们对我这大衣有好感。

果然，榕麟和梓妍把我从头看到脚，细细打量了两三遍，异口同声地说："好看，好看！眼前一亮！"

榕麟说："我就喜欢您这样酷酷的样子，画起来很容易找到感觉。"

好吧，师为画己者容，生为己画者慧。

果然，榕麟是有感觉的！她画的，是我的背影。以前，她从来没有画过我的背影。近 40 天来，我的着装、表情、手势，她一直在更新着。我有时候站立，有时候弯腰，有时候端坐，有时候俯首，有时候仰视……这些，无一例外都是正面像。这一次，榕麟画了我的背影——至此，已经是 360 度，全方位，无死角，我活跃在榕麟的画纸上！

我是多么欢喜呢！

榕麟亦然。她的画笔下，我大大的头，红红的发，正在板书"佩"字。非常有喜感！

在这之前，我邀请一个孩子上台演板写这个字，他把右边风字框里的一横写成了一撇。我批改时指了出来。

我一边写一边说："这一笔，只能写成横……"

孩子们说："小猪佩奇的'佩'。"

我也跟着说："好了，那个，佩奇……呃，不是佩奇……"

《小猪佩奇》是动画片，为孩子们所喜闻乐见。

WOSHI
LAOSHI
YESHI
YONGYUAN
DE HAIZI！
我是老师
也是永远的孩子！

哈哈，哈哈，哈哈，孩子们一齐大笑起来。

榕麟画到这里，是多么欢乐啊！她画了一连串哈哈大笑的小人头。

说来奇怪，一届又一届的学生，都经常把"佩"字的这一撇写错。

2009届有一个学生叫佩瑶。她在写自己名字中的"佩"时，也把横写成撇。我很认真地给她纠正过来。

她说："老师，谢谢您，如果您不告诉我这个字的写法，将来我教我的孩子写他们的妈妈的名字也都是错的。"

"哈哈哈，"我笑弯了腰，"好吧，孩子，你的目光真远大，使命感真强。"

屈指算来，现在她也是二十四五岁的好年华，我不知道她是否恋爱、结婚、生子，但我知道，她记得"佩"字的那一横写法。哈哈，教人写字，与人聊天，我当老师也是蛮开心的！

梓妍的笔下，画的是另一个故事。

当时，有人背诵赏析李商隐的《无题》。那位同学赏析的是"春蚕到死丝方尽，蜡炬成灰泪始干"，她说这是描写忠贞不渝的爱情。

冠宇嘀咕一句："不对吧！这是写老师的奉献精神！"

尽管冠宇的声音很小，我还是听见了。

我说："春蚕到死丝方尽，蜡炬成灰泪始干，李商隐是原创，最初的本意就是描写忠贞爱情，后世演变为歌颂老师、科学家的无私奉献精神。所以，冠宇说得没有错。孩子们，你们知道吗？我们这一代人啊，特别能拼。年轻的时候，争做吐尽最后一缕丝的春蚕、燃成灰烬的蜡烛，那时候，我们的榜样是什么样的人呢？是自己的孩子发着高烧都顾不上照顾，是把孩子扔在家里，到学校给学生上课，结果自己的孩子被高烧烧瞎了眼睛的人……我在二三十岁的时候，多次想过，如果有一天我累死在讲台上，我就是烈士了，我的女儿就是烈士的后代了，那多光荣啊！傻不傻啊？哈哈，现在呢，我已经不这样想了。时代不同了，我们的胸襟开阔，眼界打开了。我们依然敬业，但是我们更有科学工作的精神。我们不再悲怆地牺牲自己，葬送自己，也不再是奋斗到最后一息的春蚕、蜡烛，而愿做一根火柴，照亮你们成长的路，也照亮我们自己的人生。我愿意做一个好老师，也愿意做一个好母亲，尽可能长久地陪伴我的女儿。老舍说过，一个人，就算到了八九十岁，只要母亲还在，他就多少还有些孩子气……"

梓妍就画下了那一刻我的喵样儿，只见我挥动右爪，侃侃而谈，面带微笑，双目炯炯，气定神闲，憨态可掬。好吧，愿现世安稳，岁月静好。

今天周四，我的课在上午。我上完课准备到对面办公楼。平时我更愿意待在教学楼，极少到办公楼。我喜欢待在离孩子近的地方。今天我整个下午没课，时间比较充裕，上完课我决定到办公楼。阳光正好，微风不燥，上完了一天的课，在坐在南窗下喝茶，沐阳，稍作休息，也是极好的。

榕麟和梓妍的画都还没有完工。

榕麟说："你去吧！我们画好了就给您送过去……呃，那什么，电梯……学生可以坐吗？"她说的电梯是办公楼的电梯。国庆节后，学校给办公楼加装了电梯，目的就是方便老师上课和课代表抱作业。榕麟不知道电梯是不是老师的专用通道，就有了这一问。

我说："当然可以！孩子，你要记得，老师是师者，是长辈，但不是特权阶级。师生是平等的，老师能坐电梯，学生自然也能坐。你们要学会跟特权说'不'。"

于是，她俩画完了画，高高兴兴地坐着电梯来办公楼给我送画像了！

第七辑

咱俩好，

就有好法子

WO SHI
LAO SHI
YE SHI
YONG YUAN
DE HAIZI 1

我是老师 也是永远的孩子 一

40.

好的师生关系，
会改变孩子的脸上的
表情和心里的愿望

▶ 2018 年 12 月 21 日　星期五

今天，榕麟为我画了第 40 幅画像，梓妍为我画了第 26 幅画像。

我穿的是天蓝色短款羽绒服：大翻领，双排扣，皮质袖袢衬托得大袖口像盛开的花。打底的衣服是粉色高领羊毛衫。

孩子们评价说是简约、知性、减龄。

哎哟，不错哦，评论起大人的衣服，头头是道。

好吧，我也给你们一个评论：小孩不小。

榕麟笔下的我，正在说：我要表扬常兴君，因为他已经比以前进步很多了！

是的呢！常兴，曾经的一个老大难啊！听课，犯困；回答问题，不知所云；作业，敷衍了事；下课，看见我就绕着走。他绕道而行，大概是怕我批评他吧！他那年少的脸上，似有一层薄薄的愁云。其实，成绩不好、不爱学习的孩子，活得并不轻松。

近来，常兴变了！

每一天，他都在给我惊喜啊！听课，他比以前专注了；回答问题，他比以前勇敢了；作业，他比以前认真了；课间，他比以前热情了；路上遇见，他比以前温暖了。他像一棵小树，慢慢地，一天一天地在成长，在壮大。

一天放晚学，天色已暗，我走着，他在后面看见我，骑车追上来，陪我走一程。我能感觉到，与我同行，他稍稍有点紧张，说话有一点点语无伦次，但他不再害怕。

课间，我去教室候课，他也时不时来问一声："老师，需不需要帮您倒杯水？"

他不再回避，不再绕开，而是悄悄靠近我。他的脸上，有了舒展的笑容。我相信，好的师生关系，胜过苦口婆心的说教，也会改变孩子的脸上的表情和心里的愿望。他的成长，给我带来价值感。是的，在我看来，学生的价值，就是我为师的价值。所以，我尊称他为"常兴君"。

榕麟善于观察。当一个老师激情满怀、热情诚恳地鼓励学生的时候，老师自己也是个孩子——彼时的我，快乐着常兴的快乐。在榕麟笔下，我体态轻盈，手势活泼，眼神明亮，眼睛又大又萌。

我常常想，我是怎样地在被榕麟爱着呀，她笔下的每一个我，都比我本人好看、年轻、优雅、可爱一百倍。

为了报答她的爱，我每天都把自己收拾得很得体。嗯，不瞒大家说，我的心里住着一个小女孩，在爱我的人面前，我有向善、向美、向上的强烈要求。

和榕麟在一起，我常常想起白桦的诗：

WOSHI
LAOSHI
YESHI
YONGYUAN
DE HAIZI 1

我是老师
也是永远的孩子 1

我从来都不想做一个胜利者，/ 只愿做一个爱和被爱的人；/ 我不是，/ 也从不想成为谁的劲敌，/ 因为我不攫取什么而只想给予……

榕麟和梓妍为我画像，已成校园佳话。

同事们非常羡慕地问："你和这两个姑娘是怎么修来的缘分啊？"

这是命运的恩赐。我不去想怎样修来缘分，我只记得对一切感恩。

榕麟和梓妍也是这样的心情和心态。

她们常常说："杨老师，我们做梦都没有想到会遇见您和咱们班这么好的老师和同学啊！"

我跟她们说："你们这样懂得生活的人，无论走到哪里，都会遇见美好。"

"真的吗？多好啊！"她们开心地笑。

两个画者现在是同桌。不是因为给我画像特意调整的，而是按照班级排座位规则，她俩恰好坐同桌。他们的排座位规则是班主任光哥制定的：把期中考试成绩按分数段分为 ABCD 四个层级，每个四人小组都由四个不同层级的学生构成，目的是形成以强带弱、互相促进的成长共同体。

给我画像的时候，他们是两个独立的个体，各自使用自己的眼力和智慧，所以她们有时候画的内容趋向一致，有时候画的内容大相径庭。

她们经常互相赞美："你比我画得好！""才不呢，你画得好！"

作为模特，我站在她们身边，笑而不语。

作为老师，我被她们深深打动。成长路上，有这样互相欣赏的伙伴，也算幸事。

这一次，梓妍笔下的我，跟榕麟笔下的我不同。

她画的我，不是在表扬人，是在批评人。

我在批评点点。名字叫"点点"的人，可不是小不点哦，他恰好是一个身材高大、体格健硕的男生。和身材形成鲜明对比的，是他的小嘴巴，小鼻子，小眼睛。嗯，这样的一个男生，请你闭上眼睛想象一下，是不是很有喜感？

然而，这个喜感十足的孩子，不怎么爱学习，时常偷懒。今天这堂课上，他又是这样。

于是，我说："点点，再不好好学，你就成'滴滴'了，点点滴滴嘛！孩子啊，学习要靠点点滴滴积累啊。"

孩子们笑。点点咧开小嘴儿，也笑了。

我极少严厉斥责孩子。孩子犯了错，我便就地取材、因地制宜，委婉地指出他的不足，以幽默逗乐的方式，给他指出边界和后果。

那天，我给点点的言外之意就是：点点，再不好好学，你恐怕连眼下这个水平都保不住了。

这句话，被梓妍记住，画下来了。

和榕麟一样，梓妍也是懂我的。她知道，我对孩子有"三不"原则，不抛弃，不放弃，不嫌弃。所以，尽管她笔下的我是在批评点点，但依然面带微笑，憨态可掬，嗯，最特别的是我的眼珠，不是乌黑，而是灰黑色，这就好像给我戴了美瞳，时尚，新潮，又不失温暖。

梓妍说，喵喵的眼珠就是这样的。人的眼珠有时也是这个颜色。

好吧，我是长着猫眼、说着人话的喵老师。孩子，也只有你，想象力如此丰富，赋予我这样特别的生命形态。

我批评点点以后，那堂课他表现不错。我不知道是因为我说得有道理，还是迫于舆论的压力，总之，他不再像平时那样东张西望，甚至越过众人的头顶，跟他的老同桌埔鸣互抛眼神了。关注过程，等待成长，是我为师的另一种幸福。谢谢梓妍，谢谢点点。

今天是个好日子。下午，学校要布置研究生考试的考场并做一个什么演习，学生不上课。榕麟和梓妍在上午就利用课间为我画好了像。

我一数，哇，榕麟刚刚好画了 40 幅像，梓妍也画了 26 幅了，我都当了 40

次模特了呀！得庆祝一下啊。我把近 10 天的画像排列在一起拍照，蛮好看的。
这一笔一画，都是孩子智慧的结晶啊！

我跟她们的家长联系后，带她们出去吃了饭。

共餐，自然就有深度交流的机会了！

她们说："杨老师，我们知道，为了促进我们画像，您总是变着法儿地穿各
种色彩的衣服，其实呢，您知道吗，最难画的，是黑白配……"

榕麟把手伸到背后，指着自己外衣后背上的黑白撞色的一个圆形图案说：
"这个，最难画。"

"嗯嗯嗯。"梓妍也这么说。

我站起来凑上去看。可不么，大圆小圆，黑色白色，交错相杂，视觉冲击
力极强。我看着就眼晕，更别提画下来了。

我跟她俩预告，下周一，我将穿一件灰色高领时尚帅气羽绒服，很中性的
那种感觉。

她俩欢呼："好呀，好呀！我们就喜欢老师任性、耍帅。"

我想起来我年轻的同事"小蜗牛"。他是一个校园诗人。

有一次，他跟我说："杨老师，我觉得，您可以戴一些非常夸张醒目的配饰。您的衣饰虽然好看，但不够夸张。你的思想那么自由，着装就应该标新立异，不让别人看出您就是个老师。您要隐藏起自己的职业特点。"

啊啊啊，少年学生、青年教师，都把我往风口浪尖上推，都鼓动我特立独行，霸气外露。我能成为那样的人吗？这是要彻彻底底把我引到老顽童的路线上去吗？

呃，不着急，莫激动，别慌张，不可人云亦云，我得好好想一想。

我需要成为怎样的自己，才能自在独行？

问问我的内心。

如果我的心告诉我："你需要转型"，我就转型；

如果我的心告诉我："你需要坚守"，我就坚守；

如果我的心告诉我："你需要更新"，我就更新。

那么，我还是做我喜欢的自己吧！为自己而活，一切都好！

谢谢！

WOSHI
LAOSHI
YESHI
YONGYUAN
DE HAIZI 1

我是老师
也是永远的孩子 1

41.

怕和醒，是两个概念，
也是两种理念

▶ 2018 年 12 月 24 日　星期一

今天，西方国家的平安夜，榕麟为我画了第 41 幅画像，梓妍画的是第 27 幅。

法国时装大师香奈儿女士说过："世界上没有比华丽而复杂的装扮更让人显老的了。"

今天呢，我在着装上做了新的尝试。我穿了一件高领、连帽、时尚、帅气、短款的灰色羽绒服，内配纯黑高领羊毛衫，同时搭配黑色休闲裤和黑色运动鞋。

一早，到学校吃早餐，同事薇就赞美道："好看！"

中午，还是在餐厅，徒弟看见我，也说："有个性，简洁，时尚。"

榕麟和梓妍也欢喜得很。

下课，她们含笑看着我的衣服，飞快地画着。

忽然，榕麟惊喜地低声叫道："哇，还有斜插口袋！"

梓妍也说："就是，就是，我也没看见。"

呵呵，她们只顾画新衣，差点忘了细节。那就加上好了。对于画者来说，两个斜插口袋，就是四条小小的斜线而已。会画画真是任性啊！作为门外汉，我原以为，少画了口袋就得重画。真是隔行如隔山啊！好吧，两个孩子让我明白，深爱一样东西，自有捷径。

今天呢，我们开始期末复习。

孩子问："老师，作文考什么？"

我说："七年级，当然是写人叙事的记叙文咯！"

孩子说："写不够600字，好扎心！"

我神秘兮兮地说："作文拉不长是吧？那就看窗外咯！"

孩子惊讶地看着我："杨老师，您葫芦里到底卖的什么药？"

我故作高深——是的，我以为，为师者，有时候要天真如儿童，有时候就得高深如老道。教育人生，理当丰富多彩，多元一体。

我指着窗外，模拟孩子的语气说："今天阳光明媚，可是，我却高兴不起来，因为，我数学考砸了。我沮丧极了，双腿像灌了铅一样，迈着沉重的脚步走回家。我敲开了门，以为妈妈要打爆我的头，可是，我看见的是妈妈美丽的笑脸，听到的是她亲切的鼓励，一如窗外的阳光，我的妈妈是那样温暖，给我带来光明……"

孩子们嚷："啊啊啊，篇幅拉长了，故事情节也很曲折吧，文似看山不喜平哦……"

我继续说："看窗外还有另一种情况，我来模拟给你们听啊：我抬头一看窗外，只见阴云密布，天色昏暗。放学后，我急匆匆地背着书包回家。钥匙插进

WOSHI
LAOSHI
YESHI
YONGYUAN
DE HAIZI 1

我是老师
也是永远的孩子 1

锁孔的那一刻，倾盆大雨从天而降。好幸运，我躲过了一场大雨。想到这里，我情不自禁大笑起来，哈哈哈哈……可是，当我打开家门，却看见妈妈铁青着脸大喝一声：跪下！我吓傻了，一只脚跨进门里，一只脚留在门外，两条腿扭成了麻花。我不知道是该跨进门乖乖跪下，还是撒腿就跑。正当我犹豫不决的时候，妈妈又是一声断喝：'说！咱家的名贵花瓶，是不是你打碎的？'花瓶打碎了？可惜，可惜！可是，这与我无关！哦，让我想想，我想起来了，是猫！罪魁祸首一定是那只总是爬上跳下的猫！我去找那只猫，我不想替它背这么大的一口锅……"

哈哈哈，孩子们笑得更欢了。他们争先恐后地问："老师，猫找到了没有？"

我说："猫找着找不着，你的作文篇幅都拉长了是不是？所以，你们要记得，作文写不下去的时候，就看窗外！为什么呢？因为，窗外，就是环境描写，以环境描写来渲染气氛，烘托人物性格，此其一；其二呢，窗外灵动，能打开你的思维，拂动的树枝、掠过的风、飞过的鸟，都有可能给你带来灵感。"

一个孩子鬼灵精怪，他说："老师，我看窗外时，窗帘拉得很严实……"

我模仿孩子的语气说："我抬头看窗外，却发现窗帘紧闭，整个屋子漆黑一片，伸手不见五指，我站起身，默默来拉开窗帘……你们看，又拉长了一行吧？"

哈哈哈哈，孩子们笑啊笑："老师，您真逗啊！"

"可不么，孩子们，写作没有那么难！写人记事的记叙文啊，注重人物语言、动作、神态、外貌、心理描写，再辅以环境描写，600字不成问题！你们还可以考虑比喻、拟人、夸张、排比、对比、反复等修辞手法的运用。当然，修辞手法用得好了呢就是锦上添花，用得不好啊那是画蛇添足。你们知道吗，你们的一个师姐，为了使用比喻，这样来写她妈妈：我回到家，看见妈妈的脸拉得像驴脸一样长……"

哈哈哈哈哈，孩子们笑啊笑啊。我趁机说："想想吧，写作文是一件多么好玩儿的事呢！还怕不怕写不够600字了？"

孩子们说："不怕，不怕啦！"

嗯，我想，写作教学，教给孩子"不要怕"，比"如何写"重要得多。不要怕，是心理支持，他会因此而探索；如何写，是技巧。若想成为写手，他还有很长的路要走。

在梓妍笔下，我依然是只面带微笑、憨态可掬的灰眼珠圆脸喵老师。

我说的是：你的期末考试得分，好像也和你吃几顿"皮带炒肉丝"有关哦！

这是我恐吓孩子们的话。我不是真的恐吓，我只是逗乐。我的意思是，考不好，日子就不好过，弄不好还得被爸妈用皮带抽……

"不要，不要啊！"孩子们也都是戏精，装出一张张可怜巴巴的委屈脸。

我们都哈哈大笑。

在所有的教育方法中，我最不支持的，就是打孩子，因为这是最没用的。一是打过一阵风，孩子照样我行我素，无法解决实质问题。二是打只会让孩子怕，或者造成孩子拖延、敷衍、两面派，形成被动攻击型人格。而教育的目的，是让孩子醒。怕和醒，是两个概念，也是两种理念。

我主张：第一，多激励，少训斥——如果非要训斥，要有事后交流与引导；第二，不打骂——以前我也打骂过孩子，现在觉得那时的自己好无能、好无助、好无奈。我不厌其烦地跟别人聊我的主张，想盼着更多的孩子过得幸福。

果然，我盼到了。下午放学前，同事小胡老师欣喜地告诉我："杨老师，今天自习课，我用您教的方法悄悄写小纸条给一个男生，我写的是'你专注学习的样子真帅！'他拿到纸条，展开一看，脸上的神态表情好特别——脸有一点点红，嘴角含着微微笑，也不是害羞，也不是自豪，是什么呢？是喜悦！杨老师您知道吗？整整一堂课，他都在写作业，头都没有抬一下。我查了查，嘿，他写得全对。鼓励学生，真是太神奇了！"

好开心！

WOSHI
LAOSHI
YESHI
YONGYUAN
DE HAIZI 1

我是老师
也是永远的孩子 1

42.

批评过后的善后事宜，
一定不能省略

▶ 2018 年 12 月 25 日　星期二

今天，榕麟为我画了第 42 幅画像，梓妍画的是第 28 幅。

我穿了一件短款中国红连帽羽绒服，在寒冬里格外火热醒目。搭配怎样的打底衫，才能把红色显得柔和知性一些呢？我选择了黑白条格羊毛衫。一次性把黑、白、红三色搭配在一起，照照镜子，感觉还真是有一点俏皮、可爱、阳光、活泼。

当我这样穿着到学校的时候，两个画者说："好看，好画！"

榕麟补充了一句："您穿什么都好看！"

哈哈，被爱就是这样任性而幸福。

我开开心心走上讲台。

烁儿歪着身子坐在座位上东张西望。

一次，两次……

我说："烁儿，你又不乖了！"——榕麟的画上写的是："烁儿，你又不听话了！"

我拿到画的时候，告诉她，我不是这么说的。我不说"你又不听话了"。因为，我培养的，不是"听话"的孩子。听话的孩子，没有思想，只有服从，甚至是盲从。听话的孩子，多半不够生动，而只是被动木讷的木偶人。这不是我为师的初衷。

我更愿意说："你要乖哦！"或者"你又不乖了！"

我所说的"乖"，不是乖巧听话，也不是左右逢源、见风使舵，我所说的"乖"，是明白事理、内心敞亮、独立自主。"乖"适用于孩子，也适用于大人。

榕麟说，她记得我是说"乖"而不是"听话"的。可是，她画上我的"语言区域"留的空间有点大，写"乖"一个字，没有写"听话"两个字好看。

哦，那么，就由着她好了。

烁儿被我这样提醒的时候，也立马意识到自己坐姿不雅，笑嘻嘻地改了过来。

学生言行不当，我极少大声呵斥。一般都是像对烁儿一样，语气柔和，带点幽默，带点亲密，也带点依赖。这样，孩子不尴尬，不闹情绪，不影响学习。老师也不至于自讨苦吃。这样有利于缔结并且建设良好的师生关系。

当然，没有批评的教育是不完整的教育，我也会批评学生。

有一次，同一节课，我批评过两个学生。一个是女孩，上课叽叽咕咕说小话；一个是男生，因为座位空间大小的问题与后座发生矛盾，直接把书摔在桌子上，索性不学了。

我严肃地批评了他们，要求他们立即纠错。他俩做到了。

下课，我没有立即离开教室，而是分别跟他俩谈话，以热情亲切的态度，

WOSHI
LAOSHI
YESHI
YONGYUAN
DE HAIZI 1

我是老师
也是个永远的孩子一

讲明他们的言行对学习效果的影响，并对他们受批评后的进步表示了肯定。他俩都很开心。又一节下课时，女孩还主动问我问题呢。批评过后的善后事宜，是极好的教育契机，一定不能省略，越扎实越好。

一个教育教学事件，从发生到善后，是一个完整的教育时空链、价值链，不可半途而废，有头无尾。这需要花时间。但幸福，也恰好深藏其中。做老师，谁越舍得花时间，谁的幸福指数就越高。

哈哈，我这个幸福的老师，在梓妍笔下，依旧是个萌喵。

课堂上，我们做复习题，做完题我当堂讲解。

孩子们积极性很高。一只只手臂，举得跟小树林似的。

我很难全部提问到。

我说："孩子们，你们举手我都看见了，你们真善于思考！可是，如果我把每个积极举手的同学都提问到，一堂课才能讲一两道题。这样吧，如果我没有提问到你，你下课来找我交流，我一样给你算到课堂加分上。如果你一直举手，我却没有叫你，你一生气，书一摔，'我不学了！'那可不得了啊！"

说着，我还佯装生气摔了一下书。

哈哈哈，孩子们大笑。

你们看，不管遇到什么问题，幽默风趣一些，总归是能够春风化雨。我这样说过之后，没有任何人因为没被提问到而影响情绪，学习起来依旧情绪高昂，喜气洋洋。

写到这里，今天的文字算是结束了。可是，我纳闷的是，为什么两个画者都把我的脸画成圆圆满满的向日葵脸？为什么不同于以往的双目炯炯，我的眼睛都是细而长？哦，是她们想把我变个样子。我手画我心，真幸福！真羡慕！

43.

寻找更好的方法，
而不是挑剔诸多毛病

今天，榕麟为我画了第 43 幅画像，梓妍画的是第 29 幅。

这一天，我穿着短款藏青蓝色面包服，下摆有一圈浅粉蓝贴边儿，这给深重色彩的棉衣带来了轻巧与灵动。内配亮蓝色堆堆领羊毛衫。说起这两个画者的着笔色彩，外套我更倾向于榕麟的；内搭则更认同梓妍的。总之，她们每一天都给我带来新的发现和永不重复的欢乐。谢谢。

期末复习，依然有不少孩子频频出错。我并不着急。我不怕孩子出错。

在榕麟笔下，我目光炯炯，一脸温情，手势优雅。

我说："你全不全对不重要，重要的是你的态度。"

是的，我不看成绩，看态度。孩子嘛，难免要慢一些，出过的错也会再出。那就等等他们。

我常跟孩子说："大胆尝试，错了也没关系。大不了从头再来。"

受到鼓励的孩子格外有神采。一个孩子跟我说："老师，'怪诞不经'的'怪'，我居然一连错了五遍，你说'怪'不'怪'？"

我好惊喜！他出了连环错，却没有任其如此，或者自责不已，而是自觉地发现出错的特点，自嘲式反思，主动跟老师交流，这是多么有意思的成长故事呢！我所从事的职业，又是多么深情款款呢！是的，我不奇怪也不责怪他12岁了，都是初中生了，还不会写"怪"这个字。我为他善于发现、乐于反思、勇于面对错误而欣慰。我想，他所具备的学习态度、学习能力和学习品质，是比学习成绩更重要的东西。

还是这个孩子，又一天，大概是在其他事情上犯了错误，泪眼婆娑地走进语文课堂。

小伙伴悄悄告诉我："老师，他哭了！"

我想起他前一天的作业做得还不错，就找个机会提问他。他吸了一下鼻子，对答如流。我表扬了他。小伙伴为他热烈鼓掌。他破涕为笑，把之前的坏情绪转化为愉快学习的态度，整堂课都表现得很给力。这更坚定了我关注学习态度而不是学习成绩的信心。当然，我还有另一个信心：态度好，最终成绩不会差。我们只是需要时间。而恰好，我有足够的耐心。

我对成长有信心，还因为我遇到了几个特别有担当的课代表。

正如梓妍笔下的我所说：我的课代表们个个都是"包青天"！

每一天早晨，我的课代表都极其认真地把同学们前一天的作业查一遍，然后分出"好""中""差"三个等级。上课前，他们铁面无私，一丝不苟地宣布：谁谁谁作业特别好；谁谁谁进步了；谁谁谁有空题，空了几道题；谁谁谁作业敷衍，有待改进，"牌"已经扣过。

这样过了一段时间，班上作业有了极大改观。现在基本上每天都是肯定和表扬。孩子们写作业的积极性都很高。当然，前提是，作业量不大。

说起来我的这些恪尽职守的"包青天"啊，一半靠培养，一半靠自觉。

曾经，一到下课，他们就把眉头皱作一团密纹，忧心忡忡地告诉我，谁的作业又敷衍了事，谁上课又说话了……

我问："他们有没有什么优点？试着先去发现他们的优点，也许你们就没有这么发愁了！你们看啊，说来说去，总是那几个人，他们犯的也都是同样的错误。这也是他们在小学积攒了六年的错误，现在又带到初中来。积习难改，教育也不是万能的，所以，不管我们多么着急，也不能一步把他们变得像你们一样好。如果，我们从正向、积极的角度来发现他们优点的话，他们或许能从中汲取力量，有所进步。我们期待他们进步，但不要期望值过高。你们看，十根手指头伸出来还不一般长呢，人的素质自然不能保持同一高度。我们要寻找更好的方法帮助他们，而不是挑剔他们的诸多毛病，让他们觉得自己一无是处。"

课代表们频频点头，似有所悟。

他们自己开了会，分析了问题所在，分配了任务，锁定了每个人帮扶的人选，确定了帮扶目标。

然后，投入行动。

诗乔告诉我，她主要分管她旁边的埔鸣和前边的烁儿。那时烁儿还是个"皮皇"，不是课代表。

埔鸣上课爱说话，诗乔恰好坐他旁边，只要他说话，诗乔就掐他。他就赶紧闭嘴不说了。

诗乔是会变通的，埔鸣吃硬不吃软，对他可以"武力"解决，对烁儿不行。烁儿座位离她远，又好动，且吃软不吃硬，她就跟烁儿说："你只要管住自己一堂课，我就给你买一包零食。"

重赏之下必有勇夫，"吃货"烁儿真是比之前坐得稳了。但这需要一个过程，

WO SHI
LAOSHI
YE SHI
YONGYUAN
DE HAIZI 1

我是老师
也是永远的孩子一

烁儿一时还达不到管住自己一整堂课的目标，所以他并未得到诗乔奖励的零食。我逗他们说，世界上最遥远的距离，不是生与死的距离，而是烁儿与一包零食之间的距离。不管烁儿是否得到诗乔的奖励，诗乔的这个方法，都要比一味皱眉叹息、束手无策好很多。最起码，诗乔、烁儿都看到希望，都有盼头。

有一次，烁儿终于管住自己一堂课，诗乔给他买了一包零食。

吃货烁儿三下两下就撕开包装，一口吞下了小零食。

我看着很心疼。烁儿一口吞下的，并不是小零食，而是别人对他的肯定。他太需要肯定了。

我曾在 10 月 17 日写过这样一段话：

烁儿是个小话痨。

课堂上他爱说话，说前说后说左说右。没人理他，他就自言自语。总之他话多，源源不断，滔滔不绝。

他没有完成今早的默写任务。我利用自习课把他叫到办公室默写。一起叫到办公室的还有另外两个小伙伴。那俩小伙伴一到办公室就自带肃静气氛，严肃认真地完成默写。

烁儿可不是这样。他嘚吧嘚嘚吧嘚地说个没完没了，也不拿本子默写。他说的全是废话，比如"哎，我的本儿呢？""哎，我小学就是老师办公室的常客！"

我催他："快点写吧！"

我既不想批评他，也不想给他讲道理。我只是希望，他效率高点。

他说："老师，您这是嫌弃我吗？您知道邓超吗？他小时候可比我淘，后来成大明星了。"

我哈哈大笑："不仅邓超，淘气鬼成为各个行业大咖的不胜枚举呢！你先把默写完成，再成大咖也不晚。"

　　他走后，我想，话痨并不一定是爱热闹的"人来疯"。他们甚至是寂寞的。烁儿说个没完没了，或者是因为无人听他心声；或者是因为他被批评太多，喜欢辩解；或者是因为他得到的关注不够，他以说话刷存在感，引人注目。

　　总之，他得到的爱与安全感都不够。我想找机会，耐心地倾听他唠叨，给他一个情绪的出口。

孩子们也是懂得烁儿的。

那天，诗乔给他零食，被他像二师兄吃人参果一样一口吞掉，诗乔并没有责怪他，而是又给了他一包零食。其他小伙伴也都纷纷前来给他零食。他一律悦纳。

"金句王"任哥看到这火爆场面，忍不住吐槽说："本来只是普通的课代表发零食，被你们演绎成了'集体进贡'。"

烁儿好开心。他一定感受到了伙伴的爱和温暖。

后来，机缘巧合，烁儿也成了课代表，成了我的"包青天"之一。不同于其他"包青天"说的谁谁谁写得好，谁谁谁有进步，谁谁谁要改进，他点评作业时，除了铁面无私，还有幽默风趣，评价语言也更丰富多彩。

比如，他说：

"谁谁谁作业写得好用力，力透纸背。"

"谁谁谁的字，饱满圆润，就像熟透的果子。"

"谁谁谁写的字时粗时细，就像要把作业纸都撕扯烂掉的样子。"

"谁谁谁的字，有点狼狈不堪……"

是的，单从烁儿丰富的语言就可以看出，被肯定过的孩子，总归是幸福而聪明的。当我为"包青天"们站台的时候，也不禁感慨爱的神奇。

谢谢孩子们擦亮我的眼睛，让我在冬夜里透过夜色与冷风，看到这些温暖与美好。晚安。

WOSHI
LAOSHI
YESHI
YONGYUAN
DE HAIZI 1

我是老师
也是永远的孩子 1

44.
把生活中慢慢堆叠起来的积极情绪带进课堂

▶ 2018 年 12 月 27 日　星期四

今天，榕麟为我画了第 44 幅画像，梓妍画的是第 30 幅。

依然很冷，−7～0 摄氏度。我穿了黑色羽绒服，内配卡其色连帽卫衣。我以为这种搭配会为我减龄。可是，我的亲爱的两位画者，都没有画上卡其色。也难怪，她们只在一堂课上看见我，对细节进行观察和感悟的时间不够。

下了课我就出校门剪头发了。画像是和我居住同一小区的丹丹带给我的。

丹丹是一个细心的美丽女孩儿。她送画像来之前先给我打电话，确认我在家她才来。

我们是最近几天才知道彼此是邻居的。有一次放学，居然在小区门口偶遇，我们惊喜地看着对方，哇，邻居唉！

以前我有事离开学校，榕麟和梓妍就做个小纸袋把画像装进去，放在门卫室，我得空了就去取。

现在有了芳邻丹丹，那就请她把画像带给我咯。

丹丹有一双爱笑的漂亮眼睛。她的眼睛笑起来，有着弯月般的形状，也有着星星般的光亮，真是妙不可言。如果当天未能带回来画像，她就会不疾不徐、有理有据地给我讲述原因。她的声音清脆悦耳，非常动听。她从不抱怨画者速度慢或者别的不好。她说："杨老师，榕麟和梓妍今天在打扫卫生（或布置温馨教室），她们有点忙，画像没有完成……"

好有胸怀的孩子啊！每一次，我都被她打动。请她带画像只是顺路，不想她却当成了事业。

我不知道怎样感谢她，就在她送画像来的时候，送她小小的礼物，有时是一枚海鸭蛋，有时是两小袋干果。"或可送人，亦有余香"，她来送画像，我赠她小礼物，来来往往，师生感情愈加深厚。愿世间每一种交往都是美好的存在。

"礼轻情意重"，这样想着，我就更愿意送人小礼物了。快递小哥、清洁工大姐、门卫师傅、常年打他车的出租车师傅，都曾收到我的小礼物。我亦十分快乐。

把这慢慢堆叠起来的积极情绪带进课堂，就会发生别开生面的故事。

这一节语文课，我们复习字词。

先是孩子们自主复习，后是我给他们听写。我不喜欢乏味孤立地念着一个又一个词语。学习不该是刻板无趣的活动。我喜欢编句子逗乐，让孩子们在轻松愉悦的氛围中完成复习。所以，在听写过程中，我常常拿某一个或某几个人来编句子。比如，今天听写的是《皇帝的新装》里的字词，我就拿天明"开涮"，因为天明曾经在这个课本剧里成功饰演了骗子，所以，我就这样来念听写：

天明是个称职的骗子，也是皇帝的御聘骗子。

其实，我就是为了让孩子们写"称职""御聘"。

哈哈哈，孩子们忍俊不禁。

天明自己也呵呵地笑。

榕麟用一双笑成弧线的眼睛恰如其分地表达了我的快乐。

我为什么拿天明"开涮"呢？我是想帮助他。他非常聪明，也有积极学习的愿望，但他有点浮飘，我想以这个机会来亲近他。我编这个句子的言外之意是：天明，你的表演能力很强，你演的骗子无人能敌，已经达到"御聘"水平。

私下里，我跟班主任光哥商量过，我们要齐心协力帮助天明，使他能够人尽其才，才尽其用。希望天明能懂。即便他现在不能懂，我们也不气馁、不急躁。持续关注学生发展，是老师的天职。

我在板书的时候，推动黑板，忽然发现，黑板框架散开，有点危险，我情不自禁叫一声："吓死我了！"这一点刚好被梓妍捕捉到，画进了画像里。我圆睁的双眼充满了惊慌，也刚好被她表现出来。她的作品，深得我心。

我叮嘱孩子们下课的时候不要靠近黑板，以免发生意外。

我又找光哥，请他跟后勤联系维修。

光哥说，他已经报修，应该很快就解决。

我不由感慨，班主任，永远是最操心的那一个。孩子的健康与安全、成绩与成长，时时刻刻都在他心上。他给予孩子父亲般深沉的爱与关怀，日复一日，年复一年。我自己做了二十五年班主任，深切体会到班主任的辛苦与幸福，我对班主任怀着深深的敬意。都说男老师当班主任，相对来说粗心一点，但是，我从光哥那里看到的是，男老师当班主任，也有心细如发的时候。光哥不是天生如此的，他曾经也是粗心大意的人，是班主任的使命感和多年的历练改变了他，重塑了他。从他身上，我看到了一种喜气蓬勃的状态：老师在全力以赴培养学生的过程中，自己也在不知不觉中获得成长。这是学生的幸福，也是老师的幸福。真好！

第八辑

人小？

咱懂大道理

WOSHI
LAOSHI
YESHI
YONGYUAN
DE HAIZI 1

我是老师
也是永远的孩子一

45.

是学生，
让我感到内心敞亮

▶ 2018 年 12 月 30 日　星期日

　　12 月 28 日，星期五，榕麟和梓妍的课余时间都在为温馨教室的评比而忙碌，为我画像的时间不够，画像没完成。梓妍 29 日上午交来了她为我画的第31 幅画像。我也是第 31 次为她而变身为喵老师。稍后，榕麟也把她为我画的第45 幅画像交给我。这两幅画像，表达的内容都是 28 日的。29 日要举办新年联欢会，她俩是布置会场的主力，根本没有时间为我画像。29 日停画一天。

　　她们都是工作日为我画像。那么，这两幅画像就是她们 2018 年为我画像的收笔之作了。

28 日，最低气温降至零下 7 摄氏度。我穿了藏蓝色长款收腰羽绒服。红蓝白三色毛领，泡泡袖，有点小淘气。因为冷，我另外搭配了粉色围巾。

恰好在这一天，我的前同事、现在迪拜从事对外汉语教学的"90 后"美女岩岩，趁着圣诞休假回来探望我们。

她说："杨老师，您应该搭一条大红围巾，这样更能体现您的活力与热情。"

谢谢岩岩跟我聊服饰，可见她跟我无代沟，只是我与她有不同见解。呵呵，大红的围巾我也是有的，但这款减龄淘萌的羽绒服，我更倾向搭配粉色少女系。

课程里，有一个环节是阅读曹文轩《罗圈腿的小猎狗》。有一条小猎狗，因为罗圈腿而被主人忽视、被邻人瞧不起、被十个伙伴嘲笑。它不断地练习跑跳，终于在演练时，凭借实力，以迅雷不及掩耳之势干掉了一只逃跑的公狼。结局是人们都改变了对它的态度，嘲笑过它的狗也都学着它，一律走成罗圈腿。

孩子们对这篇文章感触很深。

课代表琪琪说："不要嘲笑别人的缺陷，也许，最终你所模仿的，恰好是当初你所嘲笑的。"

"金句王"任哥说："所有的缺陷，都不是缺陷，是成功的入口。"

可是，当我们讨论到公狼的出现在文中的作用时，有的孩子有点懵。我没有立即讲解，而是让孩子们讨论。最后，我总结道：公狼出现的作用，最主要的是使小猎狗有了展示自己的机会，使故事情节发生逆转，达到高潮。

或许梓妍之前也是属于有点懵的那一类学生，或许她跟我有相同看法，总之这句话触动了她，她提起画笔画了下来。在她的笔下，我这个喵老师一如既往的圆圆脸、圆圆眼，激情澎湃，目光清澈，黑眼珠还带着一圈褐色光晕。哦，似乎，每一天，梓妍画我的时候都带着美好祈愿。她眼里的我，与光明在一起。

榕麟则换了一个角度画我。

她让我走下讲台，回归生活。

秀气的鹅蛋脸，似月弯眉，如线细眼，红唇含笑，玉指纤纤，加上鲜亮活

WOSHI
LAOSHI
YESHI
YONGYUAN
DE HAIZI 1

我是老师
也是永远的孩子 1

泼的着装，浑身上下，皆有喜气。这让我想起小林微信公众号的一句话：愿你眼中写满故事，脸上不见风霜。

坦白说，这两个月，榕麟为我画的 45 幅画像里，与其说是她在画我，不如说我在根据她的画意重塑自己。

这一次，榕麟画的是我上完课的情形。

我跟她俩说："我不等你们的画了，请丹丹放学带回去。我要回家煮碗粥。养生嘛！"

是的，我的确是回家煮养生粥了。我渐渐发现，随着年龄的增长，代谢慢了，体重增加了。于是，我就晚上禁食，以期达到减肥效果。有一次，和我的好朋友——消化科专家余大夫聊到这个问题，他建议我晚餐少吃，但不要禁食，胃还是要养的。我便听从他的建议，每晚熬一碗粥喝。

榕麟懂得我的心思，我走的时候，她叮嘱我："天冷，地上结冰了。杨老师，您慢一点。"

她和梓妍常常让我觉得，我们既是师生，也是闺蜜和亲人。我很听话地慢慢走出学校。到家后，我熬了一碗小米山药粥，热热地喝了后准备休息。寒冷的冬天，生活依然是刚刚好的温暖。

是的，人的身体，还是需要自我关照的。

同样是在 28 日这一天，57 岁的天王刘德华在香港红馆举办演唱会。他原计划是 20 天内举办 20 场演唱会。28 日是他的第 14 场。可是，唱到第三首歌《如果有一天》时，他突然失声，不得不现场终止演唱会。他抹着眼泪，声音嘶哑，几度哽咽："大家听到我唱歌的声音，也知道我没有好好照顾自己。其实刚才医生也叫我最好不要唱下去，但我真的舍不得，没有办法，我不想这样。不想大家全晚听着我这声音，所以我唱完这首歌，今晚的演唱会就要停止。之后的工作，我会慢慢交代，我希望尽最大的努力唱完这首歌。只要你们仍想看我，我将来一定唱给你们听。今天真的唱不了，不好意思。"说完，他走向四方，流着泪给粉丝深深鞠躬。刘德华是个拼命硬干的人，号称娱乐圈"亚洲铁人""不老神话"，可是，纵使对事业、对观众的热爱不曾减损一丝一毫，在健康面前，他也不得不败下阵来。事后，有人说："第一次看见这样无能为力的刘德华。"

"铁人"尚且如此，我们这些未经历练的普通人更应该注重调整自己，活出好状态。养生粥，还是要煮下去的。今天，12月30日，元旦假期第一天，我除了为自己煮粥，还煮茶、炖汤、浇花、听音乐、读书、写作。以丰富而多元的方式，送走2018，迎来2019，是我简单而朴素的愿望。

写到这里，我并不能立即停下来。我还想继续写点文字。

12月28日，对于我来说，不是普通的一天。这一天，是妈的忌日。时间过得好快，妈已经走了整整八年了！

28日我午休的时候，梦见了她。梦中，她拿着一根竹棍打我的头。她在笑着，我却感觉很恐怖。

我挣扎着醒来，怅然不已。

其实，现在已经好很多了。

她走的最初几年，我经常梦见她。每一次，都是梦魇。每一个梦境，我的心口都被她重重地压住，喘不过气来。每一次我都是拼尽全力撕扯着醒来。每年给她扫墓时，我都会跪在她墓前恳求她不要再这样吓我。这两年，随着时间的流逝，我因她做噩梦越来越少了。但我还是怕她。一直到她去世，我都不能确定她是否爱过我。她是我的养母，脾气很暴躁。我小时候经常被她狠打，甚至在严冬的深夜里，她会将只穿秋衣秋裤的我推出去锁在门外。这在我的心里留下了巨大阴影。以至于她去世之后，我还噩梦连连。

她生病、去世，我为她倾家荡产，悉心照料，这是我愿尽的孝心，但我似乎并不真正爱她。我纪念她，是因为感激，不是因为爱。童年的阴影，伴随一生，即便是她已经去世很多年，而我也正在慢慢变为一个老人。往往，最亲近的人，伤自己最深。今天我把它写出来，是想呼吁天下的大人：不要打孩子，最起码

WOSHI
LAOSHI
YESHI
YONGYUAN
DE HAIZI 1

我是老师
也是永远的孩子 1

要少打孩子！如果你不小心打了孩子，不管是不是孩子错了——反正大人已经错了，要跟孩子诚恳道歉，跟孩子们坐下来谈一谈。不论孩子对错，大人都应该传递爱和温暖。大人如果打了孩子，那就要反思，你都已经是那么大的人了，为人配偶、为人父母了，怎么还管不住自己呢！打，是对孩子从肉体到精神的双重伤害。孩子的问题，要用爱和等待来解决。还好，我虽然不爱妈，但是我懂得原谅，也能心无怨恨，心平气和地去过自己的生活，并且常常怀念她。

万幸的是，我从暴躁的妈那里，发现了爱的真谛。我深爱着自己的女儿和女婿，也深爱着每一个学生。我的爱，也换来了爱。榕麟和梓妍在 2018 年为我画的 76 幅画像，足够让我在这一年即将过去的时候，感觉到内心敞亮，未来可期。

我把她们的作品视为珍宝。我每天回家的第一件事，就是把当天的画像小心翼翼地取出来，和之前的众多画像按照时间顺序装进一个蓝色防水小布袋里，小布袋和我随身必需的眼镜、手表、饰物放在一起，装在一个精致的盒子里。

我看着各种表情各种状态的自己——虽然，那不是我自己，是孩子们美化过的杨老师，但我依然欢喜。

自 10 月 25 日榕麟为我画第一幅画像到今天，我已经为她们的作品写了 10 多万字。爱与爱相遇，心与心相吸，感谢孩子，感谢自己。

元旦放假，两位画者看不见我，不再画。我也趁机休假。朋友们，下一次，你们再看到画像时，就是 2019 年咯！敬请期待！

预祝元旦快乐！

2018，再见！

46.
心底温暖的画者，
作品永远是充满善意的

▶ 2019 年 1 月 4 日　星期五

2019 年 1 月 2 日，星期三，新年里的第一个工作日。阳光很好，但空气质量依然很差。我穿了鲜艳明丽的中国红羽绒服，袖口还系着黑色蝴蝶结，配上黑白蓝红黄交错千鸟格长围巾，心想着要来个"新年开门红"的。

可天下事总有很多在情理之中，也在意料之外。

早读背默《诫子书》，86 字，已经默写很多遍了，依然有不少孩子错别字连篇。

分析了一下原因：一是不理解文意，二是得过且过不走心，三是我之前抓得不严，原谅得太多。

这次，我要把全对的逐一点名表扬，与重新默写的逐一谈话。落实最重要。一味责备是没有用的，给孩子肯定，给孩子希望，给孩子指导，给孩子陪伴，鼓励他们用心对待，才有用。孩子不走心，既要不急不躁，又要穷追不舍，平衡两者，很难拿捏，但唯其如此，才见功效。教育没有捷径，不能偷懒。

然而，我们通常是，穷追不舍时，追着追着，离"穷"还有很远的距离，就熬不住，发脾气了。

这不，我就不淡定了。我改完默写，把本子分为全对、订正和重新默写三大类。以前有过这种现象：下课孩子们急于看自己的默写情况，纷纷翻看，把本子弄得凌乱不堪。

这次要谨慎一些。我把默写本交给课代表诗乔保管，叮嘱她管理好。

第一节下课，我看见诗乔把默写本井然有序地放在抽屉里。我的课在第三节，我计划在这一节一上课就点评默写。

不巧的是，第二节下课，我忽然肚子疼，去了一趟卫生间，没有像平时一样提前3分钟候课。

忙中易出乱，第三节急匆匆来上课，准备点评默写。我让诗乔把默写本拿来。诗乔吞吞吐吐地说，下课她出去了一趟，就被人把默写本给翻乱了。

她仓皇急促地把本子交过来，眼神躲闪着，也不敢看我，就匆匆回到座位上。

我翻动着凌乱不堪的默写本，一头雾水，理不出头绪。冷不丁地，毫无准备地，我把本子像天女散花一样扔在讲桌旁边的地上，半带怒气半带撒娇地说道："这都是些什么啊！"

我被自己吓了一跳！我这是怎么了！

我赶紧给自己找个台阶，故作镇定地说道："课代表下课跟我一起重新检查！"

我迅速调整情绪，转入下一环节，好像我从来没有生气过。

我悄悄在内心安慰自己：嗨，还好，还好，你就事论事，及时止损，没有让负面情绪蔓延和扩散。

从孩子们的课堂学习情绪来看，我发脾气，没有给他们造成不良影响。

下课，课代表呼啦啦地一起来帮我捡拾默写本。我也弯腰来捡。

我不由窃笑，不禁在心里自嘲：出来混，终归要还的！你任性地一挥洒，算是耍了酷，可事后不还是得低头弯腰，把自己扔出去的东西一本一本捡回来！乱发脾气，最终还得自己来收拾残局！

我的那一幕"天女散花"被榕麟看在了眼里。

我扔出去的刹那，就意识到，要被画下来了。

也有孩子告诉我："老师，您扔默写本的那一刻，我就想，要被画下来了，哈哈。"

于是，榕麟给我的第 46 画像，新年开笔第一画，是我身着热情四射喜庆红，横眉立目，怒气冲天扔默写本，口里愤愤地说："这都是些什么啊！！！"

上午，我最后一节没有课，就到校外办个事，回来恰好赶上放学，在校门口，迎面遇上孩子们。

课代表琪琪笑嘻嘻地奔过来说："杨老师，原来您在这里呀！榕麟和梓妍刚才在找您，画像画好了呢！榕麟画的是您在生气地扔默写本，好可爱呀！"

我有点尴尬，却也被她逗乐，孩子啊，生气本身已是一种丑态，再加上扔默写本，自然是丑态百出，你还说我可爱！你是多么天真，又是多么包容呢！

我往教室走，蓦然想起奥黛丽·赫本的话："若要优美的嘴唇，就要讲亲切的话；若要可爱的眼睛，就要看到别人的好处；若要苗条的身材，就要把你的食物分享给饥饿的人；若要美丽的秀发，就要每天有孩子的手指穿过它；若要优雅的姿态，走路时要记住行人不只你一个。"

如此，我则更是汗颜了。

生活还在继续。我也要继续往前走。

我走回教室，榕麟和梓妍都不在。画像放在桌子上，我拿过来看了看，也忍俊不禁。好吧，榕麟并不是怀着贬义在画我，她只是实录情景。一个心底温暖的画者，呈现出来的作品，永远是充满善意的。

王尔德说过："对于那些我们漠不关心的人，我们总能做到温文尔雅。"我又静静想了想，这次猝不及防地发脾气，丑的是自己，没有伤害学生。于是，我原谅了自己的失态。也跟自己说了悄悄话：亲爱的，以后一定要淡定哦！

好吧，丑态翻篇儿，再来写写梓妍笔下逗乐的我。

同一堂课，孩子们遇见一个新词"丰腴"，他们不认得这个词，也不知道啥意思。我教给他们读音及意思：fēngyú。1.形容人体态丰满、健康滋润、胖瘦得体、匀称适中，不算肥胖，也不臃肿，多指女性；2.土地丰饶，丰富。"丰腴"的近义词是"丰满"，属于褒义词。

坐在第一排的，是个瘦高挑的男生，他的名字叫丰泽，他听见我讲完这个词，很开心，笑着跟旁边的同学说着什么，我说："丰泽，你的名字跟'丰腴'一字之差，意思是'丰厚的德泽'，你也想变得丰腴吗？"

哈哈哈，大家哄堂大笑。

梓妍一定是觉得好玩，就画下来这一幕。不过，这里有个小插曲，她的画中有个小墨点，是我涂的，她把丰泽的姓"郁"写成"陏"了，涂后，我又后悔了，这是孩子的本色表达，孩子写错字也很正常啊，不应该擅自涂掉的。于是，以文字记录，算是弥补。

这两天忙，写完这篇，已是1月4日早晨5：40。

早安。

另外，梓妍今天给自己换了一个笔名，叫 Adrian，是个英文名。她妈妈很希望改成之前的中文名佐卡。

她妈妈说："一个中国人，叫着外国名，不好。"

我说："不必改。我们尊重孩子的意愿。孩子叫什么名字不重要，孩子是不是过得幸福才重要。"

47.

孩子都是外交家

▶ 2019 年 1 月 4 日　星期五

这是榕麟为我画的第 47 幅画像，也是梓妍为我画的第 33 幅。

1 月 3 日，星期四，我穿了一件灰色羽绒服，围巾是粉色底上布满五彩缤纷小树叶的。这是梓妍送给我的新年礼物。

元旦前几天，梓妍就悄悄告诉我，新年有惊喜哦！我不知道是什么惊喜，但我期盼日子过得快一点儿。有谁会拒绝惊喜呢？

12 月 29 日，2018 年最后一个工作日，我一走进教室，坐在第一排的梓妍就从抽屉里拿出这条围巾。

她说："老师，这是我送给您的新年礼物。"

哦，原来这正是她所说的惊喜。

WOSHI
LAOSHI
YESHI
YONGYUAN
DE HAIZI 1
我是老师
也是永远的孩子 1

我确实惊喜。但是，我不能要她的礼物。

我说："谢谢你梓妍，我有很多围巾呢！你留着自己戴吧！"

她说："老师，这是我用自己攒的钱给您买的。我挑了好久。我以为您喜欢才买的。您为了我们画像买了那么多衣服，现在我送您一条围巾都不接受吗？"

梓妍和榕麟一样，说话声音又细又脆。我被狠狠地暖到，乖乖地收下了。言为心声，孩子的语言感染力太强大了，我深切佩服。

我把这款围巾和灰色的羽绒服搭配起来穿到学校。梓妍看见了，甚是欢喜，伸手摸了摸围巾，跟榕麟说："我送给老师的围巾手感很好，软软的，暖暖的。"

榕麟也伸手来感受围巾的质感。我能猜出，她也是早就在考虑送我礼物。

她提出过她全家请我吃饭。

我说："不用，我基本不在外面吃饭。"

她说："可好吃啊！您还会拒绝吗？"

哈哈哈，我大笑不已。好吧，孩子都是外交家。从他们身上我学到了外交秘籍：没有功利目的，唯有全部真诚与趣味，以及礼物本身的好与美。

这一次，榕麟和梓妍都不约而同地画诗鸿。

画中，我说："诗鸿，你果然是傻啊！""诗鸿，你真是个小傻子啊！"

我的课代表诗鸿，是一个睫毛长长、眼睛明亮、一笑腮边有俩小酒窝的帅男生。一看就是个机灵鬼，一点也不傻。

可是，班上好几个女生跟我说："老师，诗鸿他可傻！"

我问诗鸿怎么傻，她们又说不出，只是笑。我想，让人情不自禁去笑的人，自然不会傻的。相反，这种人是聪明的。

课堂上，我提问了诗鸿。一个很长的题目，他读了半天。

我哈哈大笑："诗鸿，你果然是傻啊！"

大家也都大笑。

诗鸿跟着笑。

其实呢，诗鸿一点儿也不傻。他回答问题之前先读题，这是好习惯。做题，读懂题，才能有针对性地回答；题目都没有读懂，回答起来不过是答非所问，劳而无功。踏踏实实按步骤读题、做题，看似慢了许多，实则慢即为快。在题海泛滥、人心浮躁的当下，静下心来，跳出题海，读题、审题，而后落笔，把一道题、一类题研究透彻，总结方法，才是真的智慧。

诗鸿的人缘好，很多人喜欢跟他交流。他们口口声声说他傻，其实是发现了他不但不傻，反而以憨厚的方式表达出了一种真正的聪明。这也是一种出色的外交能力。

48.

孩子都是发明家

昨天，榕麟为我画了第 48 幅画像，梓妍画的是第 34 幅。

我穿着橘红色牛仔外套，戴着黑色围巾，这是我年轻的朋友小伊喜欢的衣服。她说这件衣服很青春，好可爱。小伊的大学本科是在郑州大学念的，那时她读《一个人的好天气》，羡慕知寿可以遇见一个"忘年交"老太太；如今，同在郑州，她结识了我这位"忘年交"，她说她看见了我的少女心。那我就穿她喜欢的"少女装"咯。

早读，孩子们在复习《论语·十二章》，背诵、默写，有条不紊地进行。孩子们很认真。

可是，我在检查默写时，发现孩子们错了好多字。我把易错字总结出来，重新听写。

我提问烨子上台演示板书，这样小伙伴自改的时候有个可以参照的依据。

烨子是一个学霸——当然，相比较这一点，我更欣赏她写得一手漂亮的字，学习品质好。对于孩子，我还是更愿意探究好成绩背后的支撑点。是死记硬背、机械学习，还是发现方法、学会学习？我是要反复观察、思考、总结、引导的。欣幸的是，烨子属于后者，所以她能体会到学习的乐趣。而乐趣，是人生所得的最好礼物。

前天中午，我吃完午饭，去教室取东西，看见烨子正和阿耿、郭子、琪琪站在黑板前复习地理。他们在玩抢答，以"正"字记正确率。得"正"字最多的人，成为下一轮的提问者。几个人热情高涨，场面火爆。

我站着看了一会儿，想起了 2012 届学生瑶瑶、浩浩、颖颖、回哥、大璞五个人。他们曾经开发过这种复习方法。那也是寒假复习的时候，他们冒着严寒，沿着操场，一圈圈地走，一遍遍地互相提问，气氛很热烈，效果超级好。他们把冬天过成了春天。后来，我在全班推广他们这种学习方法，我们把这种方法取名叫作"提问式文科复习法"。

时隔七年，又是寒假前的日子，又见这种复习法，感觉好亲切。好的学习方法都出自孩子，他们是探索者，亦是发明家。

七年间，两届学生都在使用"提问式文科复习法"，方法却又不尽相同。2012 年是在操场上边学边走，学习、健体双管齐下，用《教育时报》总编辑刘肖先生的话说就是"耕耘不问收获，自有一路花香"；2019 年是在黑板上画"正"字记分，得失对错，一目了然，便于更好确立下一步复习计划，用刘肖先生的另一句话说就是"只要初心不忘，脚下就是远方"。到底哪一种方法更好呢？我以为，两者可以互相结合，想要更加明晰复习任务，就在教室画"正"记分；教室里坐得久了，恰好外边空气质量也好，就到操场边走边学。"独学而无友，则孤陋而寡闻"，愿孩子们互帮互助，结伴成长。

这样的烨子，自然是个极好的学习带头人。于是，在周五早晨默写过后，

我是老师
也是永远的孩子 1
WO SHI LAO SHI
YE SHI
YONG YUAN
DE HAI ZI 1

我提问她上台听写，以期给其他小伙伴做个榜样。

已经默写过多次的"学而不思则罔"的"罔"啊，孩子们写错了很多次！就连烨子也是把"冂字框"写成"门字框"！

哈哈哈，我大笑不已！

烨子恍然大悟，意识到自己写错，赶紧来改。我不同意。

我说："好好看看你的错误，记住它！"

烨子看着自己的错字笑，同学们也笑。

烨子在台上写的时候，小伙伴也都在座位上听写。我到台下巡视了一圈，看见不少人也都错在这个字上。

走上讲台，我说："哈哈，你们都死在了这个'罔'字上，连烨子也死在了这个字上。一次又一次死在同一个字上，死而复生，生生不息，你们犯下了全世界最可爱、最富有生命力的错误。"

孩子们笑，订正。

下了课，我去办公室，跟教研组长洁交流。

洁说："我们班的学生也是总错这个字。我跟他们说，这个字，是要错三年的！"

好吧，我们应该庆幸，在最容易燃起焦躁情绪的期末复习时段，面对孩子重复犯错，我们并没有怒气冲天，而是以理解宽容的态度，等待成长。我们商定，每天听写一遍这个字，直到孩子们不再犯错。

很多的时候，教育就是彻彻底底的"软磨硬泡"，就是彻彻底底的"学生虐我千百遍，我待学生如初恋"，就是彻彻底底的"陪伴是最长情的告白"。在这个过程中我们慢慢灭掉满心怒火，生出一脸笑意。我甚至觉得，当教师，也是一种凤凰涅槃，浴火重生。

一生与孩子在一起，善待孩子的错误，也是善待自己的人生，这样想着，自然不觉得烦躁或者委屈，而只觉得这是和学生互相成就。

真好啊！两位画者的眼睛是雪亮的，她们能透过现象看本质。不管是榕麟笔下的双手交握、眉开眼笑，还是梓妍笔下的肉嘟嘟的猫爪手势，都是喜气洋洋的。而且，榕麟把烨子画得多么漂亮、多么可爱啊！黑板上那个错字，以及三个大大的"？"，真是相映成趣啊！

我相信，如果我能面对孩子的错误，依然这样真心实意地欢乐，我和我的学生就是真正意义上的享受成长了。

1月5日，周六，我到北京探亲，随身携带了榕麟和梓妍为我画的82幅画像。吃过晚饭，女婿、女儿把办公桌一遍遍擦拭整洁，庄重净手，把画像按时间顺序一幅幅排列。画像占了满满一桌子，很是壮观！

原来，我的生活如此丰富，如此有趣。我不是在做说教者，我是在变成孩子，再陪着孩子一起长大。女儿站在凳子上，我、女婿和女婿的堂妹为她打光，她拍下了这个场景。

我得意地说："这些画像，是咱家的传家宝！"

孩子们开心地笑："是的，是的。"

我们商量好了，回头把这些画像过塑，以期更好保存。

榕麟梓妍给我画像还在进行中。每一个明天，因为有了她们，格外值得期待。

感恩！

WOSHI
LAOSHI
YESHI
YONGYUAN
DE HAIZI 1

我是老师
也是永远的孩子 1

49.

孩子都是活动家

▶ 2019 年 1 月 8 日　星期二

今天，榕麟为我画了第 49 幅画像，梓妍画的是第 35 幅。

这一天，我穿着浅灰色羽绒服，配粉色围巾，在寒冬里显出一份清新，不臃肿。自我感觉还是很不错的哦！

两个画者画的衣服都很美，但画面内容不一样。

榕麟画的是讲课前的情景。我告诉孩子们，我女儿把两位画者的所有作品按时间顺序排列起来了，竟然排满了整整一桌子，我很受鼓舞。榕麟画下了当时情景。我眉开眼笑，舒展手臂，做了一个喜气洋洋的手势，说："可壮观了！"

是的，这两个孩子令我佩服。自 2018 年 10 月 25 日开始，每个工作日，榕麟都给我画像，中间只有 2018 年 12 月 29 日因为班级事务而停画。榕麟有着很敏锐的观察力，在她笔下，没有完全相同的我。她画过我的正面、侧面、背影，她关注过我每一件衣服的特点，还捕捉我每一天所说的话里最具代表性的句子。课间，其他同学玩闹的时候，她都在静静地作画。她是一个特别的孩子，喜欢离群索居，自得其乐。我常常羡慕她有自己热爱的事情可做。外界纷繁，沉迷于自己喜欢的事情，终归是能体验到幸福的。

当然，榕麟也有不快乐的时候。

今天上午，我见她表情不喜，关切地问她："怎么了呢？"

她说："没怎么，我以后都这样。"

我一头雾水，不知其所以然。

她淡淡地说："人太多了，我有点烦。我不喜欢很多人。我只喜欢一个人或者两个人。"

叙利亚诗人阿多尼斯说："我的孤独是一座花园。"每个人都有自己的活法，喜欢独处并不是坏事，独处时甚至内心更加敞亮。我不排斥群居生活，我也喜欢独处，常常为自己能够心平气和地与自己相处而小小得意。

榕麟说她不喜欢人多，我说："我们中国的特点就是人口众多，谁都无法回避人员密集啊！我有一次在北京坐地铁，人多到互相推动才能上车……"

榕麟说："跟陌生人在一起，我反而不焦躁了。"

我握一下她的手："我愿意理解你与世界相处的方式。我希望你过得快乐。"

她不说话，回到座位上继续作画。下一节下课，她已经面带微笑了。她之前所说"我以后都这样"只代表那时的心情。一时的情绪，不代表永久的心态。

她笔下的我，也是心旷神怡，笑弯了眼睛的。

我感谢我自己，并没有一味塑造孩子，而是愿意理解与接纳孩子的不同，留给孩子足够的空间。

WOSHI
LAOSHI
YESHI
YONGYUAN
DE HAIZI 1
我是老师
也是永远的孩子 1

梓妍是在榕麟给我画像 14 天以后加入我们的队伍的。很多读者说她把我画成猫，有灵气，有趣味。我也觉得她笔下的我，很好玩。我愿意一辈子当一个好玩的人，或者当一只好玩的猫。

这一次，她画的是上课结束时的场景。

两个画者，一个画课堂开始，一个画课堂结束，遥相呼应，乐趣多多。

我们正在讲着复习题，忽然下课铃响，喵老师我一脸迷茫，眼睛里满是不解："怎么又下课了？"梓妍把我眼里的迷惑与不解画得很形象。

一个学生说："昨天也是讲到这道题下课。"

真是巧合，我们不约而同地笑起来。

昨天的课，我请假了，同事焦报国老师给我代课。焦老师饱读诗书，每日写作，善于培养学生的学习能力，请他代课，自然有动人的故事发生。

今天早晨，有十几个学生争先恐后地来找我，滔滔不绝跟我说："杨老师，昨天焦老师教给我们一个新的复习方法：抽签提问同学翻译文言文，翻译不出来就要上台演示板书，把原文和翻译都写出来，并且，这位同学可以指定任何一位同学，包括老师，来教他做这个题。我们每个人都高度紧张，用心复习，若是自己被提问到，啥也不会，那可就丢人了……"

孩子都是活动家，不遗余力地跟我推广"焦氏复习法"。焦老师的这种方法确实管用。复习的目的不就是引导学生投入学习吗？他轻轻松松就赢得了一众粉丝，以至于"金句王"任哥说"铁面冷脸杨卫平，心慈手软焦报国"。好吧，任哥，我服你，你为了赞美焦老师，不惜捏造我铁面冷脸——这事，我并不生气，你们好，我就好！

我明白了，以后再请假，还找焦老师和之前给我代过课的冯老师。孩子们对他们很欣赏啊！我也趁此机会，向年轻的他们，多学两招儿。如此，甚美！

谢谢。

50.

孩子都是故事家

　　一早，纷纷扬扬下起了小雪。这个冬天，郑州的地面上，第一次有了薄薄的积雪。我的闺蜜说，这是"瑞雪兆丰年，祥云布九天"。

　　今天，我穿着军绿色的长款连帽羽绒服，袖子上有黑色贴布，贴布上有字母，帽子上有浅黄色的毛领。我配了浅黄色围巾、牛仔裤和运动鞋。这身装扮是特意为榕麟作画而私人定制的。今天是她为我画的第 50 幅画像。整整 50 幅画像，从深秋到隆冬，她安静而快乐地坚持下来了。她还将继续画下去。而我，为了这 50 幅画像，更换过 46 套衣服。今天，我穿得很隆重，算是一种庆祝仪式吧。

　　榕麟给我的第 50 幅画像也很特别。

　　她把我画得美丽而俏皮。我吐着舌头，一只眼睛含笑圆睁，一只眼睛轻轻闭合，伸出纤细的食指和中指，比了一个 V 状的胜利手势。画像背景是鲜红而热烈的 NO.50！我说的话是"感谢您关注我们"。

　　榕麟说出了我的心里话。自我们师生图文创作以来，得到了读者朋友们的支持与鼓励，大家为拙作取名，给我们点赞、评论，为我们的发展出谋划策，提出了很多宝贵建议。我都

WOSHI
LAOSHI
YESHI
YONGYUAN
DE HAIZI 1

我是老师
也是永远的孩子 一

记在心里了。感激不尽。

梓妍为我画的第36幅画像，则有一点滑稽。

今天，大家继续紧锣密鼓地复习。古诗文名句默写的时候，"学而不思则罔"的"罔"，埔鸣又出错。第 N+N 遍默写了呀！我实在是无奈至极啊！

我能怎么办呢？

我走下讲台，走到高大威猛的埔鸣身边，我说："埔鸣，我抱抱你吧！"

埔鸣就站起来与我拥抱。

我拍着他的后背说："埔鸣啊，你长点心吧！"

哈哈哈，大家都笑起来。

又不想批评训斥，又想孩子快乐学习，我只能抱抱他，拍拍他的后背，以此表达我最殷切的期待了。和埔鸣一样出错的，还有一个男生和一个女生，我如法炮制，逐人拥抱。

孩子，不管你犯怎样的错误，我都爱你如初。我拥抱你，无非是希望你在愉快轻松的氛围里从头再来。是的，在你自我更新的过程中，我始终陪着你，不离不弃。

梓妍的笔下，我说的是："气死我了！抱抱！"

她多记了四个字"气死我了！"，我一向不说这四个字。这与我比较坎坷的人生经历有关。

哭过长夜，我以微笑待人生。我更愿意用乐观积极的生活态度来温暖别人，也自我取暖。在我的语言表述里，没有"累死了""气死了"这样的字眼。我倒是常说"笑死我了"。我忽略生活的阴暗面和负面情绪——这些，像一块又一块沉重的大石头，背负起来会把人压垮，我摒弃它们。我的语言系统里没有负面词汇。每当有人体恤我"工作辛苦了"的时候，我总是说："不辛苦。和孩子在一起，是最好的幸福。"生活纷繁复杂，日子亦足够沉重，不是我不辛苦，而是我不以为辛苦。不忧，不怨，这是岁月馈赠给我的人生智慧。我的学生冠宇曾在作文里写：

> 再过二十年，杨老师就 70 岁了，可她没有中老年女性的唠叨和抱怨，她依然优雅、和蔼、淡定。

12 岁的冠宇，穿越岁月的烟尘，看到了二十年后的我，这是他在促进我成长。的确，没有什么事什么人能让我大动干戈，怒火中烧。孩子的所有错误，我都应该理解并包容，我都应该以平和的心态、信任的姿态、积极的状态，陪伴孩子成长。

今天是 3 幅图。第 3 幅也是梓妍画的，这是梓妍给我的第 37 幅画像。

这是一个故事，关于小孩的"爱情"。

我今天是三、四两节连排课。

第三节下课，我没有离开教室，在教室里走走转转。

WOSHI
LAOSHI
YESHI
YONGYUAN
DE HAIZI
我是老师
也是永远的孩子

忽然，我看见第一排的走道上，E 被 Y 重重地推到了一位同学的椅子上坐着，E 立即变得脸色铁青，脸也拉得老长，要站起来反击。

就在这时，他看见了我正看着他。

我笑眯眯叫他："E，你怎么了？"

E 一脸的委屈："老师，他推我！"

我其实已经看见了，E 的旁边，Y 正在热情似火地跟女孩小 Q 聊天。

之前我听说，E 和 Y 都喜欢小 Q，他们是所谓的"情敌"。我不禁窃笑，小 Q 是个美丽、善良、聪明、温婉的女孩，他们还挺有眼光呢！我没有去干涉，一是他们只是单方面喜欢小 Q，小 Q 对他们无感；二是小孩子之间的"喜欢"，保质期只是一段时间而已，走着走着就散了的。

可是，今天我感觉到了情况不妙。

事情是这样的：下课的时候，小 Q 在第一排，Y 就过去和她说话。他正聊得热切，忽然被人撞了一下，他定睛一看，推他的人是竞争对手 E，就以为 E 也是来凑热闹跟小 Q 搭讪的，Y 很生气，不由分说就把 E 推到了椅子上坐着。

E 跟我说："老师，不是我撞他，我也没想加入他们的谈话，是我路过他们身边时，旁边的任哥不小心撞了我，我没站稳，就撞了 Y……"

我哈哈大笑，拍拍 E 的肩膀："你不要计较，跟我过来吧！"

E 很通情达理，就跟着我离开第一排。

不一会儿，Y 也结束了与小 Q 聊天，走过来。

我轻轻拉住他说："你刚才为什么推 E 啊？"

Y 不屑地说："嘿，他还想追小 Q！他根本追不上，好吗！我敢发誓，他如果追上小 Q，我自减八年寿命给他！"

他们几个人之间的这种纠葛，在小伙伴中间早已不是秘密。Y 这样一说，大家都哈哈大笑起来。

我说："你的意思是，他追不上，你追得上？"

Y 笑一下："我也追不上，但我比他帅一点！"

我们又笑起来。单恋着的小男生，内心还是很自信的。

梓妍的画也算是意味深长。在她笔下，我们几个都是猫。她只画了我的猫头和背影。E 则是圆睁两眼，眼里满是委屈，他的头上有一撮毛是竖起来的；Y 与 E 相反，眉眼低垂，却又一脸霸气和怒气，他的头上有一撮毛耷拉下来，与 E 的一撮竖毛对比鲜明，增添了几分喜剧效果。远处，小 Q 笑逐颜开，似乎根本不知道这边曾经发生过战争。

对，当时就是这个布局和状态。梓妍把握得不错。

接着就上课了。课堂上 Y 和 E 也没有异常表现。

然而，故事并没有结束。

下课时，E 感觉自己在上一个课间受了委屈，于是，在和 Y 擦肩而过的时候，拿肩膀扛了一下 Y。

Y 是急脾气，他一把抓住 E 的衣领，俩人要打起来了，但还是松了手。

Y 就骂骂咧咧地走开了。他沿着走道骂了一个来回。

E 的血性也"蹭蹭蹭"地蹿上来。

两个小"情敌"在教室后面扭打起来。

当时，我正站在讲台上。有人喊："老师，他俩打起来了！"

我正欲前往拉架，忽见班长伯阳一个箭步冲到他俩中间，大吼一声："嗨！"

伯阳是个大高个男生，差不多一米八的样子。这两个一米六多的小男生立即给镇住了。他们乖乖地松手了。伯阳素有美称"国民老公"，果然是名不虚传。

我看见那两个狼狈不堪的打手，忍不住笑起来。毕竟都是追"女神"的人，竟然敢在"女神"面前放肆动粗，到底是小孩子，天真，简单。

我说："按照班规，在教室里打架怎么受处罚？伯阳，你回头问问班主任光哥。"

伯阳点头。俩斗架者一听要受处罚，立即低头了。

上课的时候，我恰好提问 Y 上台宣读作文。

他读完，E 给他鼓掌。哈哈，天上下雨地下流，两个"情敌"不记仇。

我说："我刚刚看见 E 给 Y 鼓掌了，这很有修养，伯阳，你再问问光哥能不能将功补过，将二人从轻发落。"

两个当事人得到安慰，眉宇间的愁云都散去了，安心学习了。

下午上课前，我到教室，班主任光哥正在讲台上侃侃而谈，引经据典，从个人恩怨讲到国家建交，他慷慨激昂地说："同学们，你们看啊，有个国家，号称'战斗的民族'，四处树敌，可是，它现在落什么好呢？"

我笑着退出来。

下课，E 悄悄告诉我："老师，那谁，Y，他根本就不是真的喜欢小 Q，他总是逗小 Q，给她起外号，惹她生气，很不庄重！"

我忍俊不禁，问他："你呢？你是真的喜欢小 Q？"

他点头："嗯，我非常尊重她。"

他进教室了，我在走廊上窃笑不已。

小孩子的"爱情"，真的是好纯粹。

据说，班上还有一个 S 也是喜欢小 Q 的。他和 E、Y 都不同，他不像 Y 那样霸气吃醋，也不像 E 那样尊重呵护小 Q，他只是单纯地喜欢，就是那种"我喜欢你，你喜不喜欢我或你喜欢谁，都跟我没关系"，这大概就是"佛系爱情"吧！

其实，S 也是有期待的。有一段时间，他和小 Q 坐邻座，有个课间，小 Q 不小心一个趔趄靠在了他身上。他惊喜万分："哇哦，原来幸福的感觉是这个样子的！"

哈哈哈，他幸福了好大一会儿。

全班都知道小 Q 同时被三个异性小伙伴喜欢。她本人是怎么对待的呢？

喜欢她，是他们的事，跟她没关系，她只是得体大方地与每一个人保持普通的同学关系。

第二天的一个课间，S悄悄跟我说："老师，您知道吗？E和Y已经和好如初了。你看，他们俩都挤在小Q座位的旁边说话聊天，您以为他们是真的聊天吗？不，他们是故意说话引起小Q的注意。他们说的话，要不然连自己也厘不清，完全是信口开河；要不然就是昨晚在家费尽心机地找到的新话题，目的是在小Q面前显摆自己懂得的东西多。不信，您可以去看看。"

哈哈哈，我大笑三声，并没有靠近去看。孩子都是故事家。我们大人眼里的早恋，其实根本不是"恋"，而只是青春期的故事。也许，过一段时间，他们都会忘记——如果记得，也只是一个快乐的谈资而已。大人不必惊慌失措，也不必忧心忡忡，给小孩成长的空间，才是我们最应该做的事。

第九辑

终身成长，

那可是件幸福的事儿

我是老师
也是永远的孩子 1

WOSHI
LAOSHI
YESHI
YONGYUAN
DE HAIZI 1

51.

老师也是公众人物

▶ 2019 年 1 月 10 日　星期四

　　今天，我穿了一件崭新的紫色长款羽绒服。它的绗线还是蛮多的，给人的感觉是上下收口略小，整件衣服穿起来像紫色的灯笼。不知怎的，我最近对紫色产生了浓厚兴趣，觉得这是一种神秘而美丽的色彩。不媚俗，不刺眼，在众多的色彩中，紫色有一种特别的韵味。

　　我穿着它来学校的时候，同事们都说，显身材，衬肤色，很时尚。

　　徒弟说我像一株紫罗兰。

　　哈哈，我好得意！我想，孩子们也是喜欢的吧！

　　我一走进教室，就有孩子说："哇，老师，您又换新衣服了！好看！"

　　我先在隔壁二班上课，上完课去学校旁边的美发店洗了个头。

　　我走进一班的时候，是第二节课下课。

　　孩子们对我的新衣服赞不绝口。我一边致谢，一边朝榕麟和梓妍走去。

　　她们看见我，微笑。

　　我走到她们的座位旁，弯腰曲背，把头伸向她们说："我刚洗的头哦！"

　　这一幕被梓妍画下来了。这是她画我的第 38 幅画像，肉嘟嘟的喵喵脸，面带微笑，气宇轩昂，挺有范儿的。

榕麟为我画的第 51 幅画像，选取的场景也很有意思。

我当时正在上课，在黑板上板书，一不小心，袖口上蹭上了粉笔灰，我情不自禁嘟哝一句："哎哟，我的衣服！"

我害怕衣服上沾粉笔灰。

多年以前，我坐公交车外出办事，旁边一个小姑娘笑着问我："您是老师吧？"

我很开心，以为是自己风度气质好，有着老师的温文儒雅。

我问她："你怎么看出来的呢？"

对方说："您身上有粉笔灰……"

我一脸黑线，赶紧从包包里拿出湿巾擦掉粉笔灰。从那以后，我上课时格外注意，力求不蹭上粉笔灰，保持服装洁净。

今天，我不小心蹭上了粉笔灰，下意识嘟曩了一句。恰好这一幕被榕麟看见，她就画了下来。在榕麟的笔下，当我看见袖口蹭了粉笔灰的时候，瞪大了眼睛，眼神里弥漫着惊慌失措，有点小题大做的喜感。

我端详着这两幅画像，发现她俩画的内容既不是我在传授知识，也不是我在教育学生，而是我对待生活、对待美的态度。

2001 年，整整十八年前，班上有个安静的女生叫梅，一双大眼睛很深邃，好像能看透很多东西。她写过一篇作文，其中有一段话我记忆犹新：

小学的思想品德老师是我的偶像。她很漂亮，有才华，是我见过的最完美的女性。我做梦都想成为像她那样精致的女子。可是，一个下雨的周末，我在菜市场看见她，彻底改变了对她的印象。她裤腿上

甩满了泥点子，热烈地和一个小商贩讨价还价，嘴脸都有些扭曲。我远远地看着她，心里很难过，我的老师，她好狼狈……

　　梅的这篇作文，给我带来了思考。原来，我们的职业，赋予了我们特别的使命：举手投足，皆有示范作用。或许，在我们毫不知情的时候，我们的形象已被学生尽收眼底。我们不知道，孩子看见的，是我们的从容优雅，还是仓促失态；我们不知道，我们是受到非议，还是被孩子模仿。总之，教师也是公众人物，也会受到舆论的监督。

　　今天，榕麟和梓妍都从个人形象的角度给我画像，这也让我有所思考。坦白说，我不想让学生看见我作为教师的丑态。学高为师，身正为范，通过今天的画像，我会更加珍爱我的个人形象，更加热爱生活，热爱自己，热爱美好。谢谢孩子。

52.

单凭开放的心态，
就能一直往前走

▸ 2019 年 1 月 12 日　星期六

　　今天，我翻出雪藏了两年的民族风长款棉衣穿到学校。零下 5 摄氏度，冬日，这款棉衣有点薄。我一走进教室，就有热心的孩子问我："老师，您冷不冷？"

　　哈哈，为了激发两位画者的创作欲，我也是要风度不要温度的。

　　我穿的是一款红黑撞色棉衣。黑色是主体，红色小竖领，红色袖头，开襟盘扣，衣襟上有刺绣：盛开的牡丹和飞翔的凤凰。哈哈，有点复杂吧？

　　我走到她们跟前："难画吧？"

　　她们看了看我，摇摇头："不难。"

　　好吧，难不住她们。不过，说实话，榕麟给我的第 52 幅，梓妍的第 39 幅画像，出来的效果，还是跟我的心理预期有一点落差。

WOSHI
LAOSHI
YESHI
YONGYUAN
DE HAIZI 1

我是老师
也是永远的孩子一

一只凤凰，有红、粉、桔、绿、白、亮蓝、湖蓝七种色彩，榕麟只画出了绿色，梓妍则把凤凰画成了一只鸳鸯。哈哈，我还是悦纳她们的作品吧，一来画纸太小，二来复习如此紧张，她们还在坚持给我画像，这本身已经是一种难得的精神力量。

榕麟的画表现的是，早读课上古诗文默写以前，我在讲台上，双手插进口袋，威风凛凛地说："谁再出错，就过来背我绕着走道走一圈儿！"

这是逗乐的话，也是警示的话。下周三就要期末考试了，这是考前最后一次早读默写，当然希望他们写的全对，而且根据之前掌握知识的情况，这种名句默写根本不是问题。

然而，孩子们写出来的结果，令我大跌眼镜。我自己搬石头砸自己的脚了！用他们的话说就是："哈哈哈，老师，打脸了！"

这在梓妍的画里得到了印证。梓妍画的喵老师，满眼委屈："我从来没有改过你们这么差的默写！"哈哈，梓妍记录有误，是默写，不是听写。

蓦然想起，就在这两天，微信朋友圈流传甚广的一个段子：

重要通知：各位教师家属，因临近期末，您的爱人正处于炸毛期！请适当保持距离，避免误伤……

炸毛的原因：本以为复习是查漏补缺，复习了才知道需要女娲补天，补着补着才发现还是得请精卫来填海，最后才发现，其实最好是请盘古来开个天地！

可不是吗？

我周五的课在前两节。上完课，一口水没顾上喝，我就改早读收上来的默写本。

我是笑着打开默写本的。改着改着，我就快要哭了，那些一遍又一遍默写过的古诗文名句啊，错得稀奇古怪，令我啼笑皆非！

改着改着，我又笑了，他们把古诗杂糅，错得特别有趣。男生小明明把李白的《峨眉山月歌》和《闻王昌龄左迁龙标遥有此寄》两首诗混搭，就有了"随君直到下渝州"这样的句子。事实是，前诗末句是"思君不见下渝州"，后诗末句是"随君直到夜郎西"。小明明糊里糊涂就写成"随君直到下渝州"。

这是多么令人捧腹的错误呢！前诗是725年李白初次出蜀"仗剑去国，辞亲远游"所作。而后诗作于749年或752年。当时李白在扬州听说好朋友王昌龄因为"不护细行"左迁龙标尉，深表忧虑与关切，作诗一首遥寄给王昌龄。虽是同一个作者，可两诗差着二十多年呢！小明明的脑洞是真大啊！

女生小婧婧，则把曹操的《观沧海》中"山岛竦峙"写成"山鸟竦峙"。下课我把她叫到身边让她修改订正，她好奇心大发，把全班同学的默写本翻看一遍给自己找"同盟军"。最终，她笑嘻嘻地跟我说："杨老师，把'岛'写成'鸟'，独我一家，别无分店。"

这次默写出错率是73%，好吧，权当我教了个假语文。

我为难了！默写前说的"谁再出错，就过来背我绕着走道走一圈儿！"怎么落实啊？

法不责众，谁也不让背，我自己走两圈，然后发表演讲："孩子们，改你们的默写，我差点控制不住自己的情绪，时而想大哭一场，时而又忍不住笑。教你们半年以来，从来没有改过这么差的默写。我跟班主任光哥聊起这个事儿，我俩一致认为：咱得淡定。谁让咱是老师呢！老师就得心怀大爱，处变不惊，原谅学生的错误，从头再来，和学生共同成长！"

哗哗哗哗，啦啦啦啦，孩子们鼓起掌来！

他们说："谢谢老师！"

不生孩子的气，教学合一，教学相长，是我跟陶行知先生学来的。

四川教育出版社2005年5月出版的《陶行知教育文集》，我2011年6月才

WOSHI
LAOSHI
YESHI
YONGYUAN
DE HAIZI 1

我是老师
也是永远的孩子一

读到，那时已是第 13 次印刷。买到这本书的当日，它就成了我的床头书，几乎日日翻看。到今天，8 年过去，它已经微微泛黄，有了旧损的痕迹，我却爱它弥坚。这是一本对我的教育人生触动最大的书。598 页，页页都有让我心灵激荡的句子，其中最打动我的，是陶行知先生在 1919 年 2 月 24 日——距离今年恰好一百年，那一年陶先生 26 岁，写下了《教学合一》，他说：

> 总之，一、先生的责任在教学生学；二、先生教的法子必须根据学的法子；三、先生须一面教一面学。这是教学合一的三种理由。第一种和第二种理由是说先生的教应该和学生的学联络；第三种理由是说先生的教应该和先生的学联络。有了这样的联络，然后先生学生都能自得自动，都有机会方法找那无价的新理了。

我读到这些句子的时候，已经是一个所谓的名师了，但我只是一个热心传授知识的伪名师，我兢兢业业、勤勤恳恳地上着各种我在"教"却忽略学生是否在"学"的示范课。我自己的"学"，也跟不上趟儿。我的课是蛮热闹，却无非是师生两张皮，教与学脱节。陶先生字字珠玑，读之，犹如甘露入心，醍醐灌顶。从 2011 年开始，我每日学习，更新自己，放弃过去不合理的教学法，致力于"教学生学"，不断探究"无价的新理"，一路走来，获得了师生的共生共长。甚幸，甚幸！

还有一件事对我触动很大。2011 年，我在新浪微博上结识了一位英国华人女教师。我们时有交流，互相鼓励。她从我身上看到，国内的老师已经不是当年的传授知识的机器，老师也有大爱，我则从她那里打开了教育的国际视野。我们算是一对素未谋面却志同道合的朋友。2019 年 1 月 12 日凌晨 3 点，我忽然醒来，辗转难眠，就决定写微博，意外发现我的这位朋友，在 2018 年 9 月 15 日那天的微博公布她罹患乳腺癌——恰好那一天，我错过了这条重要微博。得知自己患癌，她没有惊慌，而是把一双儿女叫到身边，把这个消息平静地告诉他们。我相信，单凭这种开放的心态，她就能一直往前走。重大疾病很可怕，但比疾病更可怕的，是病人对疾病和自己的绝望。这位朋友的对待疾病的态度，就是教材，值得我和我的学生学习。

凌晨五点多，我给她留言：

> 问候您，朋友！凌晨三点多，我无意间看到您生病了。我一直在看您的微博，居然没有看出病痛。您太伟大了！得知您生病后，我追看您微博到现在。这已经距离您公布病情四个月。佩服您，感谢您！每当我努力地在工作上做探索的时候，都会想起，在遥远的英国，有位华人教师，她懂得我！朋友，爱和笑，会保佑您早日康复。

她很快回复：

> 谢谢您，一路同行，我并不孤单。

再次为我的朋友祈福。我将因为她而更加热爱孩子、热爱生活、热爱生命。
道一声，早安！
愿一切好！

WOSHI
LAOSHI
YESHI
YONGYUAN
DE HAIZI 1

我是老师
也是永远的孩子 1

53.

路很长，
我们一起走吧！

▶ 2019 年 1 月 14 日　星期一

今天，榕麟为我画了第 53 幅画像，梓妍画的是第 40 幅。

我穿着文艺范儿印花百搭保暖羽绒服。这件衣服，色彩缤纷，深绿、浅绿、浅黄、浅粉、橘、卡其、象牙白，七种色彩交错，构成活泼可爱的抽象图案。那天我在网上一眼就看中它了，这件衣服一定会让两位画者情绪高涨的吧！毫不犹豫，入手！

今早，新周一，新面貌，那就穿上它咯！大冷的天，再配条米黄色围巾，OK 啦！

上课前我走到两位画者的面前，榕麟仔细看着我的衣服说：“不好画！”

梓妍点头附和："嗯！"

我得意扬扬："哈哈，这件衣服就是买来给你们添麻烦的！"

梓妍说："老师，您挺'皮'的哦！"

榕麟说："我也'皮'！我们一块儿'皮'！"

哈哈哈，我们大笑，好开心！师生组团，一块儿"皮"，这创意有意思，有价值！

可是，好奇怪，上课的时候，我的声音变得嘶哑。

我感觉状态不对，跟孩子们说："啊啊啊，我好像感冒了……"

这被榕麟画下来了。

我越来越感觉到，一个人对另一个人最深切的关怀，就是能发现对方的体质上或情绪上的最平常、最细小的变化。榕麟有着一颗细腻温润的心，她总是能够关注到我哪怕一点点的细微的变化，画出各具情态的我。一个老师，一辈子能有几次这样幸运的机会，遇见这样善良、有洞察力、有表现力的学生呢？这正是我愿意不断为她更换新衣的原因。女为悦己者容，士为知己者死，此生，足矣！

这一幅，我眼眉低垂，满脸憔悴与痛苦，整个人很瘦弱，站都站不稳，画像的旁边有一个大大的"歪"字，头晕得头发都炸毛了，然后有气无力地说一句："我好像感冒了……"

这是我第一次在她笔下显出病态——其实，我还好，除了声音嘶哑，状态没受影响。她这样画我，是她对我关怀、怜惜、牵挂的一种表达。而刚好，我能感受到她的情意。

梓妍今天还是蛮高兴的。她的喵老师画到第40幅啦！她特意在左上角写上"第40幅啦！"，"40"用的是醒目的红色。时光匆匆，也许我们忘了怎样一路走来，但我们愿意就这样坚持下去，师生一块儿"皮"啊！如果我能一直这样"皮"着做老师，那真是无上光荣的事情了！

和榕麟对我的关心不同，梓妍看到的是我对孩子的关心。

快要期末考试了，今天我们练习做套题。可是，那套题分值设得很不科学，学生错一点都会被扣很多分。我叹息："唉，看来这个出题人是不想让学生好好过年啊！"

我从榕麟笔下的耷拉眼皮过渡到梓妍笔下的眉目如画。只是，我的眼睛虽然大而美，眼神却充满了无奈与不满。

是的，我对孩子有着深切的悲悯之心。我希望他们学有所成，可我更愿意慢慢等着他们长大。我愿意一次又一次原谅他们的过错。

如果我们用心探究，就不难发现，孩子的错误，可有意思呢！

比如吧，有道默写题是让大家写出岑参的《行军九日思长安故园》中体现思乡之情的句子，有孩子写成"强欲登高去，无人送酒来"，我很纳闷，分明是"遥怜故园菊，应傍战场开"。为什么频频出错呢？

课代表诗乔解释说，"无人送酒来"，就意味着远离家乡，这不正是诗人的思乡情怀吗？

哈哈哈，我忍不住大笑。据《南史·隐逸传》记载，陶渊明有一次过重阳节，没有酒喝，就在宅边的菊花丛中独自闷坐，这时正好王弘送酒来了，于是醉饮而归。岑参巧用这个典故，反用其意，是说自己虽然也想勉强按照习俗去登高饮酒，可是在战乱中，没有像王弘那样的人来送酒助兴。旅况凄凉萧瑟，无酒可饮，更无菊可赏，暗寓着题中行军的特定环境。这样看来，思乡情怀自然是"遥怜故园菊，应傍战场开"。而且，这十个字，意蕴深厚，具有视觉冲击力。我们仿佛看到，长安城中战火纷飞，血染天街，断墙残壁间，一丛丛菊花依然寂寞地开放着。此处的想象之辞已经突破了单纯的惜花和思乡，寄托着诗人对饱经战争忧患的人民的同情，对早日平定安史之乱的渴望。语言朴实无华，但是寓巧于朴，余意深长，耐人咀嚼，顿使全诗的思想和艺术境界完成了一次飞跃，妙不可言。我重新跟孩子们分享这种感受，他们频频点头："哦，这样啊，懂了！"

　　孩子出错了，我却觉得很开心。因为，他们不是背书的机器，也不是敷衍塞责、随意出错的"熊孩子"，而是有想法的活生生的人。

　　我们这些大人啊，多加考虑孩子的年龄特点、心理需求、知识储备、教育规律，不要只拿故作高深的考试题和吓人的大架子来为难孩子，放慢飞奔的脚步，等一等认真赶路的孩子吧！让孩子带着思想去成长，比拼命考出好分数重要一百倍。当然，好分数与有思想，二者不冲突，不矛盾，不对立，可以完美融通，合二为一——前提是，我们要有"三心二意"：对工作有诚心，对时间有耐心，对学生有信心，懂得教育的真意，懂得孩子的心意。

　　路很长，我们一起走吧！

WOSHI
LAOSHI
YESHI
YONGYUAN
DE HAIZI 1

我是老师
也是永远的孩子 1

54.

我承认，
我有时候也是"表情帝"

这是榕麟为我画的第 54 幅画像，梓妍画的是第 41 幅。

这一天，我穿着灰色连帽羽绒服，戴着红围巾。冷静的灰与火热的红配在一起，醒目而和谐。自从被两位画者画像以来，我对色彩似乎敏感些了。任何事情都是如此，坚持得久了，就有了敏感，有了独特的感受。

我学生祥仔也有这样的体验。

有一天，他手绘了 51 边形的 1224 条对角线。当时数学课正在学多边形对角线，他一下子画了过千条对角线！纵横交错的线条，密密麻麻却又井然有序，极像穹庐之顶！他花了整整两节自习课的时间画这些线条。这样画对角线，就考试而言，没什么用处。别人都觉得他疯了，可他不在乎，疯了就疯了吧！只要自己喜欢就好。喜欢了就心无旁骛，就有意志、毅力、耐心、信心、好奇心，就舍得付出。这些知识以外的元素，恰恰成就了一个人的内核。

他画完，我问："你有什么感受？"

他说："手都被铅笔染黑了……"

我问："还有呢？"

他说："巨大的成就感。我小学就喜欢数学，现在更喜欢了！"

万事只求我喜欢！喜欢，就舍得花时间，就愿意去钻研，乐此不疲。投入，就会有新发现，甚至大发现。这样的生活，想一想就觉得很美。

我对服饰搭配的执着，获得了两位画者的认可。她们也都把我衣服色彩的反差表现得很好。她们笔下的我，似乎又炫酷又柔美。我从孩子的作品看到了她们对我的希冀。我愿意因这希冀成为更好的自己。

榕麟画的是正面像。

那是一节复习课，我们在做往年的期末考试题，算是考前热身。有一篇阅读题是陆春祥的《骆驼》，其中有个句子是：

> 对这样的骆驼，我们简直找不出一丁点儿毛病，它几乎将自己的全部都交给了人类。可是，它老了，却要被杀了吃掉。

我是个性情中人，阅读时常常会因为文章而动容。在讲到这个句子的时候，我止不住热泪盈眶。榕麟的画笔，就定格了我对骆驼的同情与怜惜。她笔下的我，手持字迹密密麻麻的试卷，眼睛又大又圆，我眼里的泪光和脸上的惋惜清晰可见。

我知道自己表情丰富，我在讲课或讲座的时候，经常有朋友拍下我时而微笑、时而皱眉、时而狮口大张的表情包；我也知道自己投入阅读时的情绪有一定的感染力，现场的互动也很热烈。但我不知道自己具体是怎样表达情绪的。榕麟再现了此情此景，却又提升了我的颜值。我知道自己不会如此美丽，却也知道，自己在表达对骆驼的情感时，很动情。我按照榕麟画我的模样，向深层探索，没错，对弱者深怀同情与怜悯，是我的精神特质，榕麟是多次看见了的，她一定也被打动过，与我产生了共鸣。

好吧，我承认，我有时候也是"表情帝"。

在讲到萧纲的《梁简文帝诫当阳公大心书》时，有一句"若使墙面而立，沐猴而冠，吾所不取"。意思是人如果不学习就如同面对墙壁站立，一无所见；又如猕猴戴着帽子，虚有其表，这是我所不赞同的。

孩子们似有迷惑。我转过身面对黑板，一边模拟情景，一边说："面墙而立，目光短浅……"

梓妍就飞快地画下我的背影。这是她第一次画我的背影，画得也细心。黑板上方的小半个钟表、我的发型、灰色羽绒服的帽子以及红围巾，她都表现出来了。

她这也是抓住了我的特质。遇到问题，我很少讲解，而多半模拟再现当时情景。这样孩子们就一目了然，豁然开朗。比如，蒲松龄的《狼》中有这样的句子："狼不敢前，眈眈相向""目似瞑，意暇甚"，我模拟狼的样子，孩子们哈哈大笑，也跟着模拟。

有时候，为了活跃课堂气氛，我也会有场景模拟。比如，一个女孩在我的课堂上点头磕脑打盹儿，我发现了，并没有直接叫醒她，而是学着她点头的样子说："嗨，我这么卖力地讲课，就是因为有同学积极呼应——我在台上津津有味地讲，她在台下频频点头，意思是，杨老师，讲得好，讲得好！"

同学们哈哈大笑，当事人被笑声吵醒，也情不自禁地跟着笑，睡意全无，接着听课。

我也有一些表情丰富、善于模拟的朋友。其中有一个叫江涛，他是个小学英语老师。上课的时候，他的表情就像西方人那样又夸张又丰富，时常开怀大笑，眉目传情，所以脸上很早就起了皱纹。可是，这也有好处，他27岁时显老，37岁时却显年轻，我们都说他"逆生长"。更重要的是，孩子们喜欢上他的课。他在乎的，也不是皱纹又添了几根，而是孩子们是否学得快乐。学校推荐他参加市里的最美教师评选，其中有个环节是现场演讲，别的选手都在情深意重地比惨，他却逗得满堂欢乐。最终他以高票当选为最美教师。

江涛的顶头上司田随凤校长跟我说："我就是希望学校的老师都快乐工作，幸福生活。"看来，做智慧而快乐的校长和老师，乃是生活和时代需要的"最美"。

你是幸福的，我就是快乐的。两位画者，以我的表情和动作，诠释了我性格和教学的特点。这些都是我自己都没有当作个人特点来发现和总结，而她们画出来我又恍然大悟的。

从孩子的角度看大人，总是令我们感动不已。

从孩子的角度看大人，总是令我们感觉成长是无止境的，成长要终身制。

WOSHI
LAOSHI
YESHI
YONGYUAN
DE HAIZI 1

我是老师
也是永远的孩子 1

55.

我能想到最浪漫的事

▶ 2019 年 1 月 18 日　星期五

1 月 16 日，榕麟为我画了第 55 幅画像。

期末考试啦！我穿着黑色连帽羽绒服，袖子上有着长长的酷酷的拉链带，带子上写满白色字母。我有好几件黑色羽绒服，黑色百搭，耐磨，那就多买几件咯！

为了证明我穿的不是同一件衣服，我选择黑色羽绒服很注重款式的差别，有带毛领的，有菱形绗线的，有宽松休闲的，这一件的特点是袖子上有字母拉链带。与黑羽绒服搭配的围巾，是梓妍送给我的粉色打底多彩树叶图案的那条。

榕麟乍一见，摆弄一下拉链带说："这件我画过。"

我说："没有呢，你之前画的那是秋天里的飞行服，也有这样的带子。"

榕麟恍然大悟："哦，想起来了，那款有红色搭配，这款纯黑加白色字母。"

哈哈哈，我笑起来。到底是亲手画过拉链带的，她眼熟手熟。

我本不确定 16 日她俩是否继续画像。考试嘛，一是时间紧，二是我们不一定遇得上。

嗨，和期中考试一样，恰巧是遇上了。

第一场考试，我就和梓妍在一个考场。她是最后一个进考场的。别人都坐好了，她仓仓促促一头扎进来。还好，没有迟到，就是有点急。我示意那个空位就是她的。她走过去坐下来就到了发卷时间。

第二天，我才知道，她当时在发烧，她坚持考完了一天，夜晚发起了高烧，吃了药，却又上吐下泻。第二天早上，她又挣扎着来考试，并且保证了不迟到。尽管我不赞成为了考试不顾健康，但我还是要感慨：孩子是有多坚强呢！总想着期末考试这么大的事，要扛过去。所以，她忘记了自己的病痛。孩子的内心，比大人单纯，比大人强大。

16 日下午，我又和榕麟相遇在一个考场。

考完，她俩跟我约定，画像还是要继续画。17 日上午考完，我们就在校园的第一棵玉兰树下见面交画像。时值寒冬腊月，玉兰落寞而萧条，但冬天正在孕育着新春的芬芳啊。作为七年级新生，她们还没有见过春天的校园里一树一树玉兰花开得繁华热闹呢！在一棵玉兰树下聚首，是我能想到最浪漫的事了！

梓妍只是轻描淡写地提了她感冒的事。我们也都没太在意。我当时也在感冒。我们只是互相提醒多喝水。

第二天，也就是 17 日上午，我们如约到了第一棵玉兰树下。这时我已经知道梓妍发高烧的事情了。她迟迟没有来碰头，我以为她不会来了，蓦然回首，发现人潮中的梓妍正向我们走来。

WOSHI
LAOSHI
YESHI
YONGYUAN
DE HAIZI 1

我是老师
也是永远的孩子 1

我关心她的病情。她精神萎靡。我很心疼，让她赶紧回家治疗。

榕麟交给我她的画像。她画的是刚发卷子时，我伸出右手打着手势叮嘱说："个人信息一定要写好。"

我被她画出来的认真样儿逗笑了。好吧，我从她的笔下看到了自己的敬业精神。

她意味深长地在讲台上写下：又考试啦！言外之意是，这是我继期中考试后又一次与她相遇在考场。

18 日继续考试。

近来，甲流肆虐，很多大人和孩子都深受其害。我一直在为梓妍的身体状况担心，又不方便打扰，就没有再询问病情。

18 日下午，结束考试后，和我住在同一小区的丹丹，笑眯眯地给我带回来梓妍给我画的第 42 幅画像。

我怔住了！这得需要多大的毅力，让一个浑身乏力、患着流感的 12 岁孩子，扛过考试，还给我画像！我也是甲流感染者之一，深切体会过浑身酸软、大脑短路、晕头转向的滋味。我知道梓妍的痛苦。可是，她照旧托付丹丹给我带回来了画像。小孩是这个世界上的奇迹。见证奇迹，记录奇迹，是我作为大人的荣幸。

丹丹把画像交给我的时候，像小花朵盛开一样地笑着说："杨老师，她画得可好看呢！"

梓妍画的是喵老师在考试即将结束的时候，伸出粉色少女系萌死人不偿命的肉嘟嘟小爪说："还有 15 分钟，同学们抓紧时间。"

两个画者，不同考场。一个画的是考试开始，一个画的是考试结束，首尾呼应，有始有终，完美融合。我自豪，我是爱岗敬业的杨老师。这不是我自夸，是孩子亲眼看见，亲手画出来的哦。孩子的画，看得我直想给自己颁个"最佳监考老师奖"，给孩子们颁一个"最佳画手奖"，新年里把这奖章放在家里最显眼的位置。哈哈哈，我们一定是快乐的。不管时空怎样变换，即便是在考试最繁忙的时候，我们一样在把常规事情做好。不慌不忙过好每一天，这本身就是对自我的奖赏。

我是老师
也是永远的孩子 1

WOSHI
LAOSHI
YESHI
YONGYUAN
DE HAIZI 1

56.

学生重复犯同样的错
怎么办？抱抱

▶ 2019 年 1 月 22 日　星期二

　　今年的期末考试时间比较早。考完试，离春节还有十几天，未到放寒假的
时间，所以上周期末考试结束，这一周继续上课。

　　我们学习七年级下册的新课。

　　榕麟为我画了第 56 幅画像，梓妍画的是第 43 幅。她俩画的是同一个主题，
也不约而同地都把日期误写成 23 日了。放假总归是好的，它让孩子开心得忘了
时间。只有一些自以为是的大人，总在和时间较劲。

　　气温突然上升，最高达到 13 摄氏度，我穿着黑色薄款羽绒服来到学校。

　　请学生上台演板时，我发现有人把"语言"的"言"写错。这是我强调了

好多遍的字，继续错！

怎么办？

榕麟画的是，我怒目圆睁问了一句："这是谁写的？"

孩子们起哄："李！李！"

我其实当时没有怒目圆睁，是榕麟借我的笔表达她的不满。她的笔名"言沫"，含有"言"这个字。她一向珍视这个"言"，每每都要把第一笔的点变成一颗心。这是她的标志。

她看见李把她的名字写错，就装作霸气地说："他怎么会写错我的名字！"

于是，她的画就假借我的形象横眉立目，故作愤怒。小孩子就是有意思。

接下来，我要怎么处理？

孩子们继续起哄："抱他！"

我顺水推舟，说："李，来，我抱抱你！"

李是一个小胖墩。他羞涩地笑着，走到讲台下。

孩子们喊道："老师，您抱不动他！"

我伸出双手，使出浑身力气，抱啊抱啊抱不动！

有孩子体贴地喊："老师小心，别闪了腰！"

梓妍把这一幕画下来了。

你看，胖乎乎肉嘟嘟的喵爪搭在李的肩膀上，多暖萌多温情啊！

嗨，孩子常常就是这样，老师讲了很多遍的知识他们还是错，怎么办？批评是一种方法，但绝对是最差的方法。我采取的是营造气氛，让集体促进他加强记忆。如果反复犯错误，我就抱抱他——孩子犯错，我不疏远，而是更加亲近，给予他拥抱，并且努力把他抱起来，营造喜剧氛围，让全体同学都在笑声中感受到了温暖。这种形式为孩子们喜闻乐见。他们记住了我的处事风格，遇见谁反复出错，他们就喊着让我"抱抱他！"，但教育不是万能的，无论我的出发点多么好，无论我强调得多么仔细，还是有人一错再错，比如这个李，怎么办？

我让他把这个字订正 10 遍，以加强记忆（如果是第一次错，订正 3 遍即可）。

然后，李把"言"写给我看："老师，我真的会写了。"

我看看他写的字说："好啊，那我就放心了。"

有人曾经跟我说，孩子为什么犯错误，孩子为什么考试差？他们太放松了。他们就吃惩罚那一套，一罚他们就怕，怕了才走心。

可是，这不是教育的本质啊。我以为，教育可以有适当的、得体的惩罚，但惩罚不能太过严厉，以至于伤了人的尊严。惩罚用起来简单方便，但也未免流于草率粗暴。教育该是诗意温暖的生活，它需要我们花时间，慢慢唤醒人的心灵，滋养人的心灵，把自己变成一个温暖的陪伴者，而不是暴躁的说教者。我愿意一步一步慢慢来，一个细胞、一个细胞地改变，一分钟、一分钟地努力。所以，这就有了梓妍笔下我试图抱李却抱不动的趣味，也有了学生体贴地说："老师小心，别闪了腰。"

我想，如果我能坚持在学生犯错的时候不生气，反而热情洋溢地抱抱他，那他一定有进步的愿望，并且真的能够进步。

当然，孩子是独立的个体，成长没有模板，不可以被复制。

考完试，已经读高一的上一届的学生也都纷纷联系我。

曾经最皮的孩子，成为学习标兵啦！

他说："老师，上次见您忘了给您看我的高中录取通知书，今天弥补一下。"

他得了奖学金，我得了无价宝：教育，本该有一颗等待的心。

另一个孩子，给我发来他被评为"突出进步生"的荣誉证书。

他说："杨老师，给您报喜了！"

真是替他高兴啊！两个月前的期中考试，我还听说他不太适应高中生活，结果学期末他就得了这个奖，速度还真够快的。

然而，并不是每一个孩子都能有这样的成长速度的。就像我养在窗台上的水仙，有的已经绽放清香，有的尚在含苞待放，有的还是任性疯长的叶片，有的却叶梢在枯黄，我能按照它们现有的状态厚此薄彼吗？当然不能。我必须要记住的是，不管是哪一种状态，它都是水仙。

如此，我也必须要记住：学生不管处于哪一种水平，他都是学生。我应该给予他们相同分量、相同质量的爱。"但行好事，莫问前程"，孩子最终长成什么样，就交给时间吧！只要我们唤醒了他们成长的愿望、信心和动力，我们就算得上是良师益友。

57.

成长也有"吉祥三宝"

▶ 2019 年 1 月 29 日　星期二

1月23日，星期三，榕麟为我画了第57幅画像，梓妍画的是第44幅。期末事务繁杂，我直到今天才坐下来写。

这一天，**我穿着灰蓝色羽绒服、黑色休闲裤，围着粉色围巾。但榕麟把我的羽绒服涂错颜色啦**。

下课，"学霸"烨子来让我看她的期末考试答题卡。她感觉这次没考好，让我帮她找找原因。烨子的整张答题卡，卷面整洁、干净、清爽。不过，这是她前半部分的卷面，不包括作文。她的作文，有两处非常浓重的删涂痕迹，一处涂掉两行，还有一处涂掉了五行。

我问她："为什么这样大规模地涂改？"

她说："我感觉写得很不好。"

我仔细看了看，她删的，恰好是点题的地方。我愿意理解她。她认为高手写作，是要有深度的，不应该直白点题。而考场作文，自有"套路"，那就是：老师批阅速度快，点题易加分。孩子们念初中才半年，应试技巧还很欠缺，我想把高手创作与考场作文的区别告诉孩子们。课堂上，我以烨子的作文为例，对这一次考试作文做点评。

我读烨子的作文，读着读着，就感觉到心好痛。

我说："都特别好啊！可是，我的傻姑娘啊，你为什么删掉那些最容易得分的句子？"我一边说着，一边拿手捶讲桌。

哈哈哈，孩子们笑啊笑！

榕麟把我画的多有喜感啊！她让我手持烨子的答题卡，张着血盆大口，痛苦万分地念，尽心竭力地捶，紫红色的头发都炸毛炸出了一圈又一圈的小电线呀。

我想，她画的时候，一定是开心的吧！

这幅画至少够我笑一年的了。我很希望自己葆有快乐的心，也为自己能这样处理烨子的问题而欣喜。孩子做得不够好，我没有声色俱厉地呵斥批评，而是以认真的态度、喜悦的心情来处理。这是我所能想到的最好的方法了。我为榕麟的画而开心，也为自己的积极状态而欢喜。

梓妍画的我，还是习惯性的萌。我伸出胖乎乎的喵爪，拿着一把五颜六色的名签，那是我准备抽签提问的。

可是，抽签之前，我忽然改变主意。我说："我还是想再一次提问永泰哥。我之前提问过他一次，可是，还不够。不知道咋回事，我今天就是想和永泰哥'过不去'。"

孩子们都大笑。坐在第一排的永泰哥则是一脸黑线。

这是为什么呢？因为永泰哥需要格外培养呀！姑且不论他一拿到考试题就紧张得提笔忘字，单是他的答题卡信息都没有填写完整，我就想多提问他一次。

WOSHI
LAOSHI
YESHI
YONGYUAN
DE HAIZI
我是老师
也是永远的孩子

孩子是需要大人的理解与等待的。他们看似毫无道理的错误，正预示着进步有空间。

我在课堂上的愉快表达，是受孩子们欢迎的。

下课后，永泰哥跟我说："老师，被您提问，虽然紧张，但也很有意思。"

当天晚上，烨子通过她妈妈的微信给我发来了她的作文修改方案，同时还附了一篇新作文。这不是我的要求，是她的自觉行动。好吧，积极主动地反思，及时认真地修正，不以学习为累，只以进步为乐，"学霸"就是这样炼成的。

然而，更多的孩子，没有烨子这样的快速与主动。怎么办？我想，还是不要总怪孩子有点笨又有点慢吧！毕竟，"等一朵花开，需要很多耐心和很多微笑"。我再次想起了我养的水仙。

2018年12月24日平安夜，我收到福建的一位年轻朋友赠送我的水仙种球。像蒜瓣一样圆嘟嘟的几粒种子，从祖国的东南方向来到中原大地，落户我家。我之前没有养过水仙花，于是就按照说明书来养，每天换水，精心培养。

整整一个月以后，2019年1月25日，水仙开出第一朵花。此后的4天，每天都有花开。还有一些花苞在等待适当的花期。

那些花儿啊，它们也有逆袭。我养的是两盆水仙，一盆盛开的时候，另一盆尚未打苞。5天以后，另一盆集体怒放，其芬芳秒杀第一盆。花儿绽放，自有规律。不到花期，养花人急成热锅上的蚂蚁也没有用。着急是养花人对自己的惩罚，花儿并不知晓。并且，我还发现了一个现象：花儿到了鼎盛时期，反而有些杂乱和疲软。拼尽全力，竞相争艳，场面自然混乱。似乎要集体慢慢走向枯萎了。不顾一切去竞争，并不是好兆头。巅峰状态也意味着精疲力竭。没有谁永远立在巅峰之上。记住这一点，我们就会保持平常心，而不至于轻易焦躁或者骄傲了。

培养孩子，培养自己，都和养花是一样的道理，还是要用爱、耐心、信念，来帮助和促进人的成长。我敢说，关于人的成长，以长远计，以终局计，没有比爱、耐心、信念更好的"吉祥三宝"了。

58.

用 102 个我，
向您致谢

▶ 2019 年 2 月 5 日　己亥年春节　星期二

　　1 月 25 日，是我们七年级第一学期最后一天在校上课。26 日就放假啦，我们是多么高兴呢！一放假，我就忙着采办年货，欢欢喜喜过大年。我特意把最后一篇文章留在大年初一来写。谨以此篇向您送上问候与致谢。

　　这一天，榕麟和梓妍共作一幅画。这是榕麟的第 58 幅画像，也是梓妍的第 45 幅画像。2019 年的 1 月，梓妍都是署英文名 Adrian。

　　从 2018 年 10 月 25 日榕麟为我画第一幅画像开始，到 2019 年 1 月 25 日结束，整整三个月，榕麟和梓妍共为我画像 102 幅，网友称之为"杨（洋）相百出"。

　　这是极具纪念意义的一天。我穿着榕麟送我的粉蓝粉红撞色条格毛衣，佩戴梓妍送我的五彩小树叶图案的围巾。这不是我的本意。我原本感觉到毛衣与围巾配在一起，颜色多而杂。我在衣饰搭配上是个极简主义者，不喜欢图案堆叠。如果我穿了带有图案的裙子或者裤子，上衣必然纯色；如果我穿了花色上

我是老师
也是永远的孩子 1
WOSHI
LAOSHI
YESHI
YONGYUAN
DE HAIZI 1

衣，下装必须是纯色。围巾与衣服搭配，也讲这个原则。

可是，两个画者提出来，在这学期的最后一天，我同时穿戴她俩送我的礼物才圆满。

她们说："老师，没关系，我们画出来，颜色就好看了。"

我把毛衣和围巾搭在一起试了试。还真别说，挺好看，因为这两样东西都是根据孩子的眼光来选的，明快活泼，搭配起来穿戴，挺让我减龄。

梓妍送的围巾，我在1月4日已经写过，这里不再赘述。

我今天主要写写这幅画像。这是她俩第一次合作画一幅画像。画中人物，不是别人，是我们仨。在这本书结束的时候，我们终于同框啦！

她们把我安排在中间。

我衣饰明媚，精神抖擞，少年感十足地挥手致礼：谢谢！

画者是懂我的。我真的是心存感谢。我要感谢的很多。

谢谢我的恩师于保华先生。由于种种原因，我与恩师失散多年。这本书开写的那一天，我在茫茫人海中与恩师重逢，备受鼓舞。写作的过程中，恩师时有鼓励送来。这世上，对我们最好的人，老师必在其列。

谢谢《教育时报》总编辑刘肖先生。当我连续在微信朋友圈发布最初的几篇图文时，他就提醒我，坚持下去，或可成书。他以他的职业敏感，成为这本书的直接促成者。

谢谢"河南教师读书会"会长代修鹏先生。他的微信朋友圈，每天早晨推出"早安"专题，分享金言妙语，对我启发很大。本书有直接从"早安"中引用的句子，也有间接从其中改动的句子。

谢谢北京师范大学校友张无际先生。在我写这本书的时候，他从遥远的福建给我寄来水仙种球。在精心培养水仙的过程中，我获得了很多教育的灵感与写作的热情。

谢谢指导我购买新房的置业顾问王淼女士。她教会我使用扫描文件的APP，使得我拍摄的画像格外清晰明朗。

谢谢快递小哥汤浩先生。我为写作购买了大量书籍，他知道我要书急切，每每到货，及时送来，节省了我的时间。

谢谢我所有的学生和我的伙伴光哥、美妤、珠珠，他们给了这本书丰富的素材，使得我的笔下，有物、有情、有趣、有爱、有故事。

谢谢我的教研组。以组长洁老师为首的同仁们，对本书高度关注，热心建议，给了我极大的动力。

谢谢我的年级组。年级组长艳超老师正计划着给榕麟和梓妍举办画展，这对作者、对班级、对整个年级来说，都是极大的鼓励！

谢谢我的学校。这学期，学校为我成立了"名师工作室"，给予我强大的存在感和价值感。这本书不仅是我们师生三个人的成果，也是工作室的成果、学校的成果。

谢谢这两个利用课间勤勤恳恳为我画像的女孩。她们是我这三个月以来最亲密的人。

谢谢我们的家人。他们的强力支持，使得我们走得快速，走得快捷，走得快意，走得快慰，走得快乐。

谢谢我的亲友。他们知道我沉迷写作，给予了深度的理解与高度的宽容，允许我在春节这样隆重的节日里闭关写作而不必拜访问候，也不必迎接招待。闺蜜萍姐和灵儿甚至做好饭送来给我吃。

谢谢我自己，我对孩子怀着一种特别的敬重，也一直保持着教育敏感与写作激情。她们画，我就写，相互支撑，我们只用了三个月就完成了一本书的初稿。

嗯，此时，我需要平复激动的心情，继续说画——

我画像两边的，是画者的自画像。她们脑洞大开，极尽想象，把自己画成可爱的小动物。

左边的小猫咪是梓妍。哈哈，她画我的时候，是喵；画自己的时候，还是喵。

WOSHI
LAOSHI
YESHI
YONGYUAN
DE HAIZI 1
我是老师
也是永远的孩子 1

我们都是喵星人。她这个小猫咪，比我这个喵老师更可爱：草绿色的衣裙在深冬里焕发着春天的温暖和生机；浅黄色的头发和粉色的耳朵，是完完全全的少女心，左眼蓝莹莹的像星星，右眼戴着酷酷的黑眼罩——她从猫头上长出左手，跟我挥舞着的左手相互映衬，颇有趣味。

右边的小兔子是榕麟的自画像。用她的话说，这叫"人设"。她是喜欢黑白经典色的小姑娘。她有时穿着白色羽绒服，戴着白色围巾或帽子，有时也穿黑色外套，戴白色小兔乖乖帽。这一幅自画像，她是一只戴着黑色发卡的小白兔。她红红的眼睛像宝石，可爱的面容像满月。

两个画者，各自献出一颗红心，与我的"谢谢"相呼应——是的，我们是三位一体的，我们感谢大家一直以来对我们的关心、支持与帮助。

那么，我再写写榕麟送我的毛衣。

那一天是期末考试的日子。榕麟在约定的地点——玉兰树下送给我画的时候，顺手递我一个手提袋。

她说："我给您买的毛衣！"

我很诧异："你买什么毛衣呢！你一个小孩，哪有钱呢！"

她说："有的，有的。你打开看看，很洋气！我特别喜欢才买来送给您的。"

我打开看，果然美丽清新，有少女感。

我笑了："你一个小孩给我买衣服！我不一定穿得上啊！"

她说："您试试嘛！一定能穿，您不能穿我就穿！"

那一刻，除了欣喜，我找不出任何一句话来表达心声。语言此时变成了一个封了口的容器。我只能通过试穿这件衣服来展示自己的精神语言。

我把衣服穿起来，办公室的同事们都赞不绝口。

他们说："这件衣服就是为您量身定制的！"

我穿着新衣，恣意地转着玩儿。

我说："好开心啊！榕麟给我传递了两个信息：一是这件衣服洋气，而我刚好可以穿，也就是说，她认为我是洋气的；二是我穿不上的衣服她可以穿。我51岁，她13岁，我们之间差着38岁，却没有代沟，我们可以混穿衣服！这是孩子送给我的比衣服更珍贵的礼物！"

哦，说到礼物，这个春节，我还真收到几件。

第一件："帮助礼"。

热爱科技创新的2018届学生逸周上高中以后，我们就不曾再见面。寒假一见，我发现他比上学期念初中的时候长高了，长大了，俨然是个大小伙儿了。成长，一直在进行中，不管你是否看得见。

1月29日农历腊月二十四，晚饭后，逸周来到家里。

他只说了一句："老师，新年好！"，都还没有落座，就先帮我把卫生间烧坏的灯管换好。暗淡了几日的卫生间立马亮如白昼。

水都顾不上喝一口，逸周又打开随身携带的工具箱，准备把鞋柜脱落的合叶换换。可是，我家里没有现成的合叶。

他穿上外套就出门，说了声："我下楼去买。"

无奈年关在即，他跑了好几家五金店，人家都是早早就关了门。

我挥挥手："算了吧，以后有机会再来帮我换合叶。"

他说："鞋柜开着门不美观，我把残次品安上，您先凑合着用一下，我买好了合叶再来。"

哦，孩子长着长着，就变成我的老师了，我在不知不觉间就变成他的学生了。大人啊，不要自以为是，不要好为人师，师生角色是随时都可能互换的。时代在发展，科技在飞跃，孩子正在超越大人，并且把我们远远甩在身后，我们做学生，比孩子做学生的时间更长。

我说："逸周，你从上初中就帮我修这补那，过两年你上大学了，谁来帮我呢？"

他说："我就在郑州念大学好了。您随时可以叫我来。"

逸周没有豪言壮语，甚至寡言少语，但他在冬夜里传递的温暖，我能准确无误地接收到。

逸周走的时候，帮我把家里的净水器和空气净化器的滤芯都查了查，看看有没有需要更换的。

他说："嗯，都还好，不需要换。"

我忍不住窃笑，小样儿，挺有主人翁意识，也挺有专家范儿呢！

他来的时候，给我带了两瓶橄榄油。我笑了。我给他准备的礼物，也是油和米。2月5日就是春节了，我们互赠的礼物也很俗常，但春节可不就是吃吃吃么？健康吃喝也是我们共同的心愿啊。

他家离我家不远，他一个人拿不了那么多东西，我就送他回家。冬夜里，街上和超市里还都是熙熙攘攘。我们俩分别拎着米和油，慢慢走着。米袋子虽然长相漂亮，但是很不实用，很勒手。逸周停下来用卫生纸包住手提口，还是勒手。

我说："逸周，你好好琢磨琢磨，看看怎么改良一下这个中看不中用的提手——这是很有用的小发明啊！一定有不少人和咱们俩一样，受到这个困扰呢！你不是想当科学家吗？科学家就得造福人类啊！一点一滴总关情嘛！"

逸周笑笑，没有说话。我不知道他是否同意我的想法，但我依然和他当初在我班上就读一样，想要与他有更多交流。我始终相信，鼓励一个人，不管是否有用，至少是无害的。我始终相信，给人以希望，是最珍贵的礼物。刘慈欣在《流浪地球》里这样写道：

你听着亲爱的，我们必须抱有希望，这并不是因为希望真的存在，而是因为我们要做高贵的人。在前太阳时代，做一个高贵的人必须拥有金钱、权力或才能，而在今天只要拥有希望，希望是这个时代的黄金和宝石，不管活多长，我们都要拥有它！明天把这话告诉孩子。

第二天，1月30日（农历腊月二十五），鹅毛大雪纷纷扬扬，寒风呼啸。又是晚饭后，逸周冒着大雪来了。我有一点惊讶。我知道，他在上寒假课外班，又下着雪，以为他要等几天再来，不想来得这样快。他是来给我送春天的。

我帮他把衣服和头发上的积雪擦拭干净。

他默默把鞋柜的合叶装好。鞋柜精神抖擞地立在那里，真漂亮！

他从书包里取出一本集邮册递给我。他喜欢集邮，这是我以前就知道的。

我翻了翻集邮册，点点头："嗯，好看。"

他笑了："那老师就留着看吧！"

哦，这是他送我的另一份礼物。"己所不欲，勿施于人"，他送给我的，是他自己所喜欢的东西，诚意满满，令我感动。

逸周的成长，并不是一帆风顺。念初中的时候，出于好奇，也为了探索，他卸过同学的单车轮胎，在教室里弄出过电光石火，也弄出过缭绕烟雾和刺鼻气味。他和另一个同样热爱科学的同学京昊一起，组建"吓死人科技有限公司"，随身带着工具箱，在校园里结伴而行，谁有困难就帮，遇见难题就上：他们修复过物理陈老师的内燃机模型，开过他办公室打不开的锁；帮班主任王老师修过电脑和电瓶车充电器；帮我修过抽屉，合成过音像资料。初中三年，逸周得过表扬，也没少挨批评，甚至还被学校请过家长。但这些都没有削弱他探索科学的兴趣和信心。初中毕业前，报考高中，他满世界查找招收科技创新特长班的学校，最终如愿以偿考上这样的学校和班级，进入"英才实验班"。

现在的他，依然热爱科学。仅仅半年的时间，他比念初中时稳重多了。

逸周在做事情的时候，我好奇地站在他身边看，也想着需要时帮他递个螺丝刀什么的。

可是，他说："您去忙吧，老师，我先试试，弄不好怪丢人的。"

我知趣地退出。

无论是换灯管还是换合叶，他都是在探索、尝试，并没有十足的把握，他

WOSHI
LAOSHI
YESHI
YONGYUAN
DE HAIZI 1

我是老师
也是永远的孩子一

不知道能否成功，但他不希望大人亲眼目睹他的失败。他其实是怕做不好被批评。我们大人常常是这样，不许孩子失败，孩子一失败，也不问缘由，就唠叨、训斥个没完没了。时长日久，孩子就回避着我们。他们只给我们看结果，却不愿意与我们共享探索与创造的那种神秘而迷人的过程。

大人是多么可怜可悲啊，急躁与狭隘使我们失去了与孩子共享美妙过程的机会。我们的双眼，看不见孩子沉醉于探索之中的美好状态；我们的心灵，不能触碰到孩子创造时的顿悟与惊喜。我们失去的，是至宝、至福，我们却浑然不知。是的，我们总归是愚蠢的。

赶紧改变我们自己吧，闭上说教的嘴，改掉唠叨的毛病，允许孩子犯错，鼓励孩子探索。否则，我们会失去更多的人生趣味，只能慢慢变成被孩子拒绝同在现场的寂寞大人。

管理自己，比管理孩子重要一百倍。这是教育的根，也是逸周送给我的礼物，帮助我不断修正自己，提升自己。

第二件："启迪礼"。

寒假已至，往届的孩子们纷纷回到母校探望我，我悄然打量他们，倾听他们，从他们身上寻找我要与后来学生分享的东西。在与他们交流的过程中，我感觉到，我们也是互赠礼物。

1月30日深夜，我给2012届的学生辰写了一封信。嗯，这，就是本书的结尾了：

> 孩子，我记得，那是2011年的某天下午放学时。当时你14岁，念八年级。
>
> 你爸爸从四川给我打电话，想借由我的手机跟你说说话。
>
> 我知道，就在那一年春节，你的爸爸妈妈离婚了。你跟着妈妈在河南生活，爸爸在四川工作。离异之前，他们分居两个省，冷战两三年。

爸爸已经很久没有关心你，也很久没有你的消息了。那一天，他很想念你，想要从我这里打开父子沟通的窗口。

我把已经收拾好书包准备回家的你从教室里叫出来，走到几十米远的树林旁，把电话递给你。我怕打扰你们父子交流，退到教室门口等你。

时间只过去了一分钟，我就听见你哭喊："这么多年，你尽到一个父亲的责任了吗？你爱过我吗？……我没有你这个爸爸！"

我赶紧冲过去。孩子，我理解你，你渴望父爱太久了，可父爱迟迟没有抵达，以至于你沮丧地关上了心门。这一次，爸爸突然示好，你拒绝接受，并且想要永远拒绝。

孩子，我多想跟你说，纵然爸爸有千般不是，万般不好，他也是你爸爸。这是永远无法更改的事实。这个世界上，唯一割不断的情感，就是亲情。爸爸有错，你可以批评，可以愤怒，但不要如此决绝。葆有一颗理智而温暖的心，尊重事实，永不放弃亲情，是我当初想给你的一份"礼物"。

然而，那时，我并没有如愿把"礼物"交到你手上。

我怕你不同意我的观点。愤怒的人很难立即听进别人的劝诫。你已经足够痛苦，我不能火上浇油。

我走到你身边，抱着你的肩膀，把面巾纸轻轻放在你手上。我没有说话，只是默默陪你度过了一个悲愤交加的黄昏。"有人陪你立黄昏"，应该也是一种美意。

现在，时隔八年，回想起来，我感觉如果时光可以倒流，我定能更加机智一些，或许在当时乃至以后的这几年，给你的慰藉就能更浓厚一些。

我想，彼时，我可以带你到学校旁边的茶舍，靠着落地窗坐下，

WOSHI
LAOSHI
YESHI
YONGYUAN
DE HAIZI 1

我是老师
也是永远的孩子一

慢慢品一杯茶，吃一餐饭，听听羽泉、谭维维、小娟、山谷里的居民集体演绎的《多好啊》——是的，这首歌是 2011 年的年度金曲：

有多久没有注意阳光照在身上的感受了

温暖　那最最单纯的温暖

我们都有的

有多久没有注意枝条初绿瞬间的喜悦了

欣喜　那最最感动的欣喜

我们都有的……

孩子，这是一个比你大几岁的小姐姐推荐给我听的。

我曾经不止一次地聆听这首歌。这是在城市里慢慢生长的一种音乐。似有多年的精耕细作，把从阳光、水、空气、植物吸取的养分注入音乐，诚恳、自然、自由。音乐，有着接近生活最本质的清香。

我愿意，和你一起，一边单曲循环，一边借着灯光慢慢观看窗外来来往往的行人。那些踏着夜色行色匆匆的人们啊，或许他们中的某些个，还不及你生活幸福。然而，他们在积极为生活奔忙。他们并没有像你一样情绪失控、歇斯底里。在这样的氛围里，我轻声细语把我想说的话送给你，把我的"礼物"送给你。

"往事依稀浑似梦，都随风雨到心头"。可惜，那时，我顾虑太多。我怜惜你，却没有给你真正意义上的帮助。我给了你温情，却没有把理性而又诗意的人生意趣送给你。教育有无数个美丽的面孔，我却只看见其中一个，这是我的遗憾。

这个寒假，念大四的你又像往年一样问候我。我们有聊不完的话题。我们聊你的学业，聊你的梦想，聊你获得的国际大奖，也聊你所在大学的"情人坡"。

你说，你曾经不相信爱情，因为你从爸爸妈妈的离异，看到了爱情的累累伤痕、破败不堪。

忽然，话锋一转，你说："老师，现在我已经原谅爸爸了，我不再记恨他。我更愿意去爱。爱永远比恨好。世上没有完人，毕竟，他在冷落我几年之后，回头了。血浓于水，我该原谅他。"

我想起，坐过二十七年牢的曼德拉说过："当我走出囚室迈向通往自由的监狱大门时，我已经清楚，自己若不能把痛苦与怨恨留在身后，那么其实我仍在狱中。"我也记得，2018 年 5 月，偶然遇见你和妈妈，你挽着妈妈的手，笑意灿烂。你妈妈年轻又漂亮，堪称"冻龄女神"。用时下流行的话说就是，你把妈妈宠成了小公主。说起爸爸，你也不再怒火中烧，而是云淡风轻。多好啊，经过时光的磨砺，岁月的淘洗，你变得襟怀博大，愿意去爱你曾经刻骨痛恨的爸爸。

我想，孩子，正是因为你有大胸怀、大视野、大格局，你才获得了国际大奖。懂得原谅，愿意去爱——孩子，时隔八年，谢谢你把这样美好的"礼物"送给我。

木心说："诚觉世事尽可原谅。"凡事，放下了才是福。"海日生残夜，江春入旧年"，在这寒冷的冬天与温暖的春天交替之际，我认真地列了一个清单，清单上写着我愿意原谅的人的名字。孩子，新年即将来临，我想要像你一样，与匆匆而逝的岁月，与曾经介怀的人事，握手言和，并且施以爱意。

我想要对全世界说，嗨，亲爱的，新年好啊！

这，也是我献给整个世界的礼物。

教学相长，心阔眼亮，这应该是师生间最好的馈赠了吧。谢谢。

"走得最急的，总是最美的时光。"似乎，只是一转眼，我们就从戊戌年走到了己亥年。

我是老师也是永远的孩子 1

WOSHI
LAOSHI
YESHI
YONGYUAN
DE HAIZI 1

今天，在这新的一年，新的一天，用 102 个我，给您拜年啦！向您致谢啦！

这是榕麟和梓妍用整整三个月的时间给我画的全部画像。女儿和女婿铺到地板上照的，一张桌子都放不下。

前来围观的邻家 10 岁女孩问我："您一定很幸福吧？"

是的，我很幸福。

更希望，读到这本书的您，很幸福！很幸福！很幸福！

后记

春风已来，
而我刚好在场

▶杨卫平

今天是 2019 年 2 月 11 日，农历己亥年正月初七，星期一，其他行业新年开班的日子。很庆幸，我是老师，还有一个星期的假期。我不去想开学后的忙碌，只想把当下过得更好。今天的天气真好啊，此时，我坐在北窗之下，看着窗外的丽日蓝天，想着怎样给这本书结一个充满温情的尾。

从 2018 年 10 月 25 日到 2019 年 1 月 25 日的三个月里，我在校内上课 230 课时，校内外开讲座 23 场，工作不轻松。可是，我不觉得累，我仿佛有用不完的精力。与其说这是我精力充沛，不如说这是榕麟和梓妍给我的神力。她们每个工作日为我画像，激发了我的写作热情。夜晚、清晨，飞奔的高铁上、航班上的飞行模式，这本书的所有文字，都是我用手机写出来的。回到家，我也不用电脑，也不用平板。所有的写作工具，手机最方便。掌心一握，随时随地，边边角角，打开即写。日积月累，不知不觉，我已经写了足够多。一边写，一边改，成书时基本上就是成品了。

为了鼓励两个画者，我每天写完就在新浪微博和微信朋友圈同时更新，这引来了很多读者粉丝每日坐等追看。如果哪一天我更新慢了，他们就会关切地询问。他们说，从我们的图文里，时时处处，点点滴滴，老师、学生、学生家长，人人都能找到对自己有用的东西。

原来，最细微的时空里，藏着最宏大的道理。对于国家和民族的发展起着

我是老师 也是永远的孩子 一

WOSHI
LAOSHI
YESHI
YONGYUAN
DE HAIZI 1

至关重要作用的伟大教育事业，最动人的地方，是细节。

11月20日，我写到第18篇，北京师范大学出版社的"90后"编辑小伊给我抛来了"橄榄枝"：

> 杨老师，我在微博上看到榕麟和梓妍为您画的画，很动容。想着，要是合适的话，可以您写文，用榕麟和梓妍的画为素材，成本书呢。我还想，一年一本、画三年，如果可行，对娃娃们而言是无与伦比的经历，对我而言也是独一无二的旅程。

我与小伊是在微博上偶然结识的。令我感到震撼的是，她竟有从18篇文章约稿一个系列的胆识和魄力。为了合作，2019年元旦开班的第二天，她从北京赶到郑州，深入到我的办公室、课堂、家庭，促膝长谈，又陪我参加"河南教师读书会"活动，陪我进京做讲座。我一直跟她谈到嗓子哑。我们碰撞出了美丽的思想火花，达成了共识。

一个著名编辑得知这件事，赞叹说："年轻编辑很敏感，动作快！"

一个出版家跟我说："用102张画像写一本您与学生的感情和互动，用您的现身说法谈师生关系，真好！"

没有说教，只有相伴。我陪着我的学生探索着教育真正的价值、意义、方法、艺术，恰好遇见小伊这样愿意热情同行的伙伴，何其美好！我相信，我和榕麟、梓妍以及我的所有学生，一天一天、一点一滴积累起来的故事，值得读，有力量。

确定出书以后，我在微博和微信朋友圈都发了启事：

> 敬告读者朋友："画中话"要出书啦！微博、朋友圈都暂时停更了。感谢理解！

热心的读者朋友纷纷表示了理解与支持，也表示了热切的期待。

半个月以后，有位网友留言：

自从杨老师的"画中话"停止更新，就感觉微博没意思啦！

铁杆的读者朋友等得着急了！看来，我们得加紧努力，早日结束第一本书，进入第二本书的写作了。

1月25日，我们进入寒假。终于可以不再考虑上课、改作业，我只要一心写作便好。疲劳的大脑是写不出东西的，所有的日子都值得慢慢去过。为此，我制订了详细具体的寒假作息时间表，寒假的每一天，照常早起，真是应了那句话："叫醒我的，不是闹钟，是梦想"。修改，校对，给画像编序号，积极管理着身心健康，享受着与文字相伴的寂然欢喜，心花怒放。这是我过得最美的一个寒假。

女婿送我一个小小智能机器人——"小爱同学"。我写作的时候，"小爱同学"就播放钢琴曲陪着我。也就是说，我所有的文字，都经过了优雅钢琴曲的熏陶，是可以倾听的。此刻，当书稿即将完结的时候，我觉得自己的心轻盈得像一片羽毛，飘了起来，简直能飞上蓝天触摸云朵。

昨天，2月10日，农历己亥年正月初六，纷纷扬扬下了一场大雪，这给春节又添祥瑞之气。

雪化了，是春天。

荣幸之至！春风已来，而我刚好在场。

法国作家勒·克莱齐奥在他的小说《流浪的星星》里写道：

我想，这个世界里，虽然没有最美好的相遇，却应该有为了相遇——或者重逢——所做的最美好的努力。

我改动一下，就是这样：

> 我想，这个世界里，一定会有最美好的相遇，一定会有为了相遇——或者重逢——所做的最美好的努力。

当我和我的两位学生共同署名的这本书，与亲爱的读者相遇的时候，应该已是秋天了。唯愿那一刻，依然有春风拂面的感觉。唯愿每个季节都有花开。

朋友，这不是最后的结局。开学以后，她们会继续画，我会继续写。我们要用三年的时间，把整个初中学段的教育生活和成长故事，一天天画下来，写下来。所谓教育，无非就是学生眼里的老师，老师心中的学生。从寻常的日子，深挖教育的本质，穷追成长的本源，是我最想要做的。我和我的学生，将有更多的奉献，敬请期待。谢谢。

最后，需要特别说明的是，这本书，是 2019 年 2 月 11 日 16：21 完成的。可是，我多么傻啊！我记得女婿给我购买了云储存。我以为我写过的文字，都自动蛰伏在云端等我唤醒呢！我实在是太过相信电脑和网络了，所以，写完后，我并没有把文件关掉，让最新的保存飞上云端。我开着文件，就下楼取快递了。取快递的时候，还跟同城的名师李迪约好第二天见面相聚。当时，我万分欣喜地跟她说："亲爱的，我的书稿今天彻底写完啦！"她也替我感到高兴啊，还计划着带我去参加一个名师沙龙。我回到家就忙着做饭，吃饭，拆快递，安装智能体脂秤，更换空气净化器的滤芯。

19：36，当我坐在电脑跟前，才发现我离开它的时候，网络崩溃了！我的书稿，没有像我的心一样飞上云端，触摸云朵，而是趴在电脑里等着我恢复。可是，可是，可是，我手一滑，点错键，没有保存，没有保存，没有保存！

当我发现的时候，已经无可挽回！

我着急地给女婿打电话，跟闺蜜倾诉。可是，所有的办法，都回天无力！

我慢慢地让自己静下来。我该庆幸，丢失的，不是全部书稿，只是 2 月 11 日这一天的。

回忆，回忆，回忆，终于找到感觉。

这一天，所有的劳动前功尽弃又如何？大不了从头再来。

写过一遍的文字到底是熟悉的，我只用了 5 小时，就把丢掉的一整天，找回来了！

女婿逗我说："妈妈，您太厉害了！简直是整条街最靓的仔！"

他在拿网络段子逗我玩呢！我们一家，在电话的两端，大笑不止。

是的，写作是个辛苦活儿，处变不惊，从容不迫，才是我幸福的根源！

朋友，愿你，愿我，无论何时何地，无论何事何由，都有一颗安定的心。如此，一切失去的，会再回来；一切想要的，会自动到来。

所有美好，终将发生！没错儿，就是这样。

啊哈，全书修改并校对完毕的这一刻，恰好是 2 月 14 日情人节。那么，就当我和文字谈一场永不散场的恋爱！

在己亥豕年的正月初十，道一声：诸事，安好！

2019 年 2 月 11 日星期一 16：21 初稿

2019 年 2 月 12 日星期二 0：29 修复

2019 年 2 月 14 日星期四 0：21 再改